Gütersloher Taschenbücher / Siebenstern 492

Ines Köhler-Zülch / Christine Shojaei Kawan

Schneewittchen hat viele Schwestern

Frauengestalten
in europäischen Märchen

Beispiele und Kommentare

Gütersloher Verlagshaus
Gerd Mohn

Originalausgabe

CIP-Titelaufnahme der Deutschen Bibliothek

Köhler-Zülch, Ines:
Schneewittchen hat viele Schwestern: Frauengestalten in
europ. Märchen; Beispiele u. Kommentare / Ines Köhler-Zülch;
Christine Shojaei Kawan. – Orig.-Ausg. – Gütersloh:
Gütersloher Verl.-Haus Mohn, 1988
   (Gütersloher Taschenbücher Siebenstern; 492)
   ISBN 3-579-00492-1
NE: Shojaei Kawan, Christine:; GT

ISBN 3-579-00492-1

© Gütersloher Verlagshaus Gerd Mohn, Gütersloh 1988

Umschlagentwurf: Dieter Rehder, Aachen, unter Verwendung einer Illustration von
Helga Gebert, Merdingen
Satz: ICS Communikations-Service GmbH, Bergisch Gladbach
Druck und Bindearbeiten: Clausen & Bosse, Leck
Printed in Germany

Inhalt

Abkürzungen

AaTh   *Aarne, Antti/Thompson, Stith:* The Types of the Folktale. A Classification and Bibliography. Second Revision (Folklore Fellows Communications, Band 184). Helsinki 1961 (internationales Erzähltypenverzeichnis).

BP   *Bolte, Johannes/Polívka, Georg:* Anmerkungen zu den Kinder- u. Hausmärchen der Brüder Grimm, 5 Bände. Leipzig 1913–32 (Nachdruck Hildesheim 1963).

EM   Enzyklopädie des Märchens. Handwörterbuch zur historischen und vergleichenden Erzählforschung, herausgegeben von *Kurt Ranke* u. a. (ab Band 5: herausgegeben von *Rolf Wilhelm Brednich* u. a.). Berlin/New York 1977 ff. (geplant sind 12 bis 14 Bände mit alphabetisch geordneten Artikeln; bislang erschienen: fünf Bände, bis einschließlich zum Artikel ›Gott ist auferstanden‹).

KHM   Kinder- und Hausmärchen, gesammelt durch die *Brüder Grimm* (hier zitiert nach der dreibändigen Ausgabe von *Heinz Rölleke.* Stuttgart 1980).

Scherf   *Scherf, Walter:* Lexikon der Zaubermärchen. Stuttgart 1982.

Einführung

I.

Es war einmal ein Mädchen, das war so weiß wie Schnee, so rot wie Blut und so schwarz wie Ebenholz ... Seit unseren Kindertagen kennen wir Schneewittchen, eine der beliebtesten Märchenfiguren überhaupt zusammen mit Aschenputtel und Dornröschen, und das nicht erst, seit Walt Disney sie in seinen abendfüllenden Filmen *Snow White*, *Cinderella* und *Sleeping Beauty* zu internationalen Stars machte. Sie verkörpern Jugend und Schönheit, dabei sind sie freundlich, bescheiden und geduldig in ihrem Leiden. Ja, zwei von ihnen ist für lange Zeit jede Handlungsmöglichkeit benommen, sie sind einem todesähnlichen Zauberschlaf verfallen, aus dem erst ein Königssohn sie wieder erwecken kann. Das gängige Bild von der Frau im Märchen ist weitgehend von diesen drei Heldinnen geprägt worden.

Doch Schneewittchen hat viele Schwestern, und zwar auch solche, die ihr gar nicht ähnlich sind: pfiffige (Texte 1, 18), faule (Text 5), alte (Texte 3, 14) und starke (Text 15). Sie meistern souverän jede Lebenslage (Text 2), treffen sich sonntags zum Frauenstammtisch (Text 7) oder müssen sich als alleinerziehende Mütter durchschlagen (Texte 10, 14). Auch warten sie keineswegs schlafend auf einen, der sie heiraten wird, sondern wissen ganz genau, wen sie wollen, ob standesgemäß oder nicht, und den kriegen sie auch (Texte 2, 11). Die Volkserzählungen — und hier ist nicht allein das Zaubermärchen berücksichtigt — bieten ein vielfarbiges Spektrum weiblicher Charaktere.[1] Nicht alle können hier vorgestellt werden, die Auswahl der Erzählungen, der Verzicht auf manche Texte fiel schwer.

II.

Die für den Band ausgesuchten Geschichten stammen aus den
verschiedensten Ländern Europas, aus dem Osten und Westen,
Norden und Süden — von Finnland bis Zypern, von Schottland bis
Rußland. Es war nicht möglich, alle europäischen Völker mit einem
Märchen vorzustellen. Wir haben dennoch auch ethnische Gruppen
zu Wort kommen lassen, die keinen eigenen Nationalstaat besitzen:
Zum Beispiel sind eine ladinische Erzählung und ein Roma-(Zigeu-
ner-)Märchen aufgenommen worden.

Exporte und Importe gibt es bei kulturellen Gütern ebenso wie bei
den materiellen, Märchen kennen weder Staats- noch Sprachgren-
zen. Die Geschichte an sich, der Erzähltyp, worunter in der Folkloristik inhaltlich und strukturell übereinstimmende Versionen oder
Varianten derselben Geschichte zusammengefaßt werden, ist nicht
nationaler Besitz eines bestimmten Volkes. Wenn Märchen Grenzen
überschreiten, werden sie nicht einfach mechanisch übernommen,
sondern den neuen Verhältnissen angepaßt — sie akklimatisieren
sich. So zeigen sich nationale und regionale Unterschiede in der
Bevorzugung bestimmter Themen oder Erzähltypen, in Änderungen
der Details und vor allem in der sprachlichen Gestaltung. In einigen
Texten verraten Eigennamen das Land, in dem die Geschichten
erzählt werden: Čianbolpin, Jack, Leonarda, Gerita und Pólvora,
Fjodor, Wassili und Iwan. Meistens aber sind Märchenfiguren
namenlos: Sie werden schlicht als Eltern, Töchter, Söhne, Stiefkin-
der, als König, Kaufmann, Holzhauer, alte Frau, junger Mann
bezeichnet.

Auch reale Orts- und Ländernamen finden sich in Märchen seltener.
Das Zuhause und die Fremde bilden oft die räumlichen Gegenpole.
Bei unseren Texten wird das örtliche Zuhause lediglich im russi-
schen Märchen (Text 15) mit der vagen Formel »Es war in irgendei-
nem Zarenreich« umschrieben, sonst heißt es unvermittelt: »Es
waren einmal Grafentöchter« (Text 1), »Es war ein Mädchen faul«
(Text 5), »Es war einmal eine Mutter« (Text 9). Bis auf zwei
Ausnahmen: Die ladinische Erzählung (Text 6), eine eigenartige
Mischform aus Märchen und Sage, knüpft sich an für Skiurlauber
inzwischen wohlbekannte Örtlichkeiten des Trentiner Fassatals

– Canazei und das Pordoijoch. Im albanischen Märchen (Text 2) absolviert Konstantin eine Kaufmannslehre in Smyrna (heute türkisch Izmir), wo sich eine Königstochter aus Ägypten in ihn verliebt, doch dies sind märchentypische Angaben. In deutschen Erzählungen beispielsweise reisen die Kaufmannssöhne nach London, Paris und Amsterdam. Märchen verlegen das Geschehen gern in die Ferne, aber im albanischen Text entspricht die schlimme Nacht »voll Schnee und Kälte, in der einer, der draußen liegt, umkommen müßte«, wohl eher einer eisigen Winternacht in Albanien als dem ägyptischen Klima. Es ist nur zu spüren, daß das Märchen aus dem Balkanraum, aus dem Osmanischen Reich, mit seinem Völker- und Religionsgemisch stammt. Christen, Juden und Türken treffen hier im alltäglichen Leben aufeinander, eine Tendenz zu Nachbarschafts- bzw. Nationenspott aus Sicht der Christen deutet sich an.

Regionaltypische Eigenheiten fließen in Märchen ein, ohne die Handlungsstruktur zu berühren. Details und Requisiten geben den Texten ihr Lokalkolorit: In Smyrna wird mit Piastern bezahlt, in Rußland in Saschen gemessen und in Pud gewogen (Text 15), die Griechen handeln mit Pistazien (Text 8), in Bulgarien fand keine Hochzeit ohne Brautwerber, Flöten und Trommeln statt (Text 11), das finnische Schneewittchen stirbt in der Sauna (Text 13). Manchmal gehen diese regionalen Eigentümlichkeiten bei der Übersetzung durch die Angleichung an deutsche Verhältnisse verloren. Der Verlust an Originalität betrifft natürlich in noch viel stärkerem Maße die Sprache und den Stil, Mundartformen gehen völlig verloren. Ein Glücksfall ist das russische, durch den Bylinenstil geprägte Märchen von der Heldenjungfrau Blauäuglein (Text 15), in dem der Ton des Originals nachschwingt.

Und wie steht es mit den Personen, mit den Frauengestalten? Sind sie charakteristisch für das jeweilige Land? Deutlich der regionalen Überlieferung verhaftet sind die zauberbegabten Frauen. Im finnischen Märchen hilft die Syöjätär-Hexe der bösen Königin (Text 13), im russischen stehen die steinalte Baba-Jaga und ihre Schwestern dem Helden mit Rat und Tat zur Seite (Text 15), und auf dem Pordoijoch im ladinischen Fassatal herrscht Donna Kenina, eine Feengestalt des Alpenraums (Text 6). Jede dieser weiblichen Jenseitsfiguren ist unverwechselbar in ihrer Art. Werden die Märchen, in denen sie als Helferinnen oder Schädigerinnen der Heldin oder des Helden fungieren, in einem anderen Land erzählt, dann treten an ihre Stelle die dort heimischen übernatürlichen Wesen; in Irland könnte die slavische Baba-Jaga etwa durch eine Fairy, in Norwegen durch eine Huldre ersetzt werden.

Weniger eindeutig als diese Jenseitigen lassen sich die dem irdischen Bereich angehörenden Frauen einzelner Regionen zuordnen. Eine Zwischenstellung nimmt die Figur der Heldin im Märchen von der Suche nach dem Lebenswasser oder den verjüngenden Äpfeln ein. In unserem Beispiel (Text 15) erscheint die streitbare Zarenjungfrau als Hüterin des Lebenswassers, sie ist mit der mythischen Baba-Jaga verwandt und hat ihr Amazonenreich noch hinter deren Wohnsitz; auch in anderen russischen Varianten ist die starke Heldenjungfrau in der jenseitigen Welt zu Hause. In deutschen Fassungen jedoch wird meist von einer erlösungsbedürftigen Jungfrau in einem verzauberten Schloß erzählt, die sich manchmal noch in der Gewalt eines Drachen befindet.

Eine interessante Mittelposition hat eine erst 1954 aufgezeichnete tschechische Version[2], deren alltägliche, mit vielen Modernismen durchsetzte Sprache in extremem Gegensatz zum archaischen Stil des russischen Märchens steht: Hier ist die Heldin zwar Eigentümerin des Schlosses auf dem Glasberg und Besitzerin des Lebenswassers, doch hat sie sonst keine Verbindung zur Jenseitswelt, und es fehlen ihr jegliche amazonenhaften Züge. Sie verlangt — übrigens per Telegramm —, daß derjenige, der das Lebenswasser geholt hat, sich bei ihr einfinden solle. Die falschen Brüder, die zuerst erscheinen, werden von ihr eingesperrt und am Ende auf ihren Wunsch von vier wilden Ochsen zerrissen.

Allgemein gilt für die Hauptfiguren — unabhängig davon, ob weiblich oder männlich —, daß sie sich wegen ihrer Bindung an die Inhalte der Märchen oft in den Grundzügen ihres Charakters sehr ähnlich sind, selbst wenn dasselbe Märchen in ganz verschiedenen Ländern erzählt wird. Das Novellenmärchen von den drei eingemauerten Schwestern (Text 19) zum Beispiel, ursprünglich vermutlich im Süden Europas zu Hause — ebenso wie das ihm verwandte Märchen vom Basilikummädchen[3], das auch im Nahen Osten viel erzählt wird —, verbreitete sich ebenfalls in Nordeuropa. Immer weiß hier ein einfallsreiches Mädchen dem versteckt agierenden Liebeswerber in ausgeklügelter Weise Widerpart zu leisten, bis das Paar sich schließlich gegenseitig akzeptiert. Die Erzählung könnte — trotz der zum Teil üblen Streiche und des Mordversuchs — als spielerisches, bei weitem liebenswürdigeres und menschlicheres Gegenstück zum Grimmschen Drosselbart-Märchen gesehen werden, in dem der Ehemann seine Frau demütigt und seelisch zerbricht, ohne daß sie selbst Mittel zur Gegenwehr hätte. Auf der anderen Seite führt unsere Geschichte von der klugen Jüngsten herrschende Normen vor und zeigt gleichzeitig, wie sie umgangen werden: Der Vater will durch das Zumauern des Eingangs die Keuschheit seiner drei Töchter bewahren. Doch auch dies bietet keine Garantie — nach anderen Versionen der Erzählung werden die älteren Schwestern schwanger, und in unserem Text wird vielleicht einiges verschwiegen — schließlich war der König auch hier zu Besuch.

Das Einmauern hat in diesem der realen Ebene angenäherten Märchen ohne Zauber- und Wunderelemente kaum Symbolcharakter, sondern veranschaulicht sehr drastisch die eingeschränkte Bewegungsfreiheit von Frauen. Statt eines historischen Exkurses — der abgedruckte Text wurde immerhin vor über hundert Jahren erzählt — der spontane Kommentar einer assyrischen Freundin, einer angehenden Psychologin, zum Anfang des Märchens: »Das hat ja einen realen Hintergrund, genauso ging es meinen drei Nachbarinnen zu Hause in Syrien«, und sie berichtet von den drei Frauen eines reichen muslimischen Nachbarn, die, wenn der Mann nicht zu Hause war, die Tür nicht öffnen durften und ähnlich wie in unserem Märchen beim Einkauf mit Körben hantierten.

Bei der relativen Geschlossenheit und Einheitlichkeit der Märchentraditionen Europas — das Schwankmärchen von der klugen Bauerntochter (Text 18) zum Beispiel ist in allen europäischen Ländern sehr verbreitet und wird in ähnlicher Weise erzählt — spielen gemeinsame historische und kulturelle Entwicklungen eine Rolle.[4] Greifen wir nur den Sektor Literatur heraus: Seit 1700 war nicht nur Frankreich von den Geschichten aus *Tausendundeinenacht* begeistert, die Antoine Galland entdeckt und aus dem Arabischen übersetzt hatte, diese Faszination griff auf fast alle europäischen

Länder über. Ähnliches geschah zuvor im Mittelalter: Aus Persien war über syrische und arabische Vermittlung das *Sindbādbuch*, auch die *Sieben weisen Meister* genannt, im 11. Jahrhundert nach Europa gelangt; dieses Buch, das sich über die List und Tücke der Frauen ausläßt (s. Text 16), war in vielen Ländern — von Griechenland und Spanien über Frankreich und Deutschland bis Polen und Rußland — beliebt, in Südosteuropa sogar noch bis zum 19. Jahrhundert. Abgesehen von der gemeineuropäischen Literaturszene wirkten sich ähnliche soziale Strukturen, z. B. feudale Verhältnisse, auf das, was erzählt wurde, aus. Aber es zeigt sich auch eine innereuropäische Differenzierung: Latein war im Mittelalter die Literatursprache der mit Rom verbundenen Länder Mittel- und Westeuropas, im orthodoxen Osten und Südosten dominierte der griechische, byzantinische Einfluß. Die sehr verbreitete orientalische Fabelsammlung *Kalila und Dimna* beispielsweise kam unter dem Namen *Stefanit i Ichnilat*[5] im 12./13. Jahrhundert von den Griechen zu den Süd- und Ostslaven, genauso der berühmte Alexanderroman[6] mit den abenteuerreichen Taten Alexanders des Großen, während im übrigen Europa die Vermittlung durch das Lateinische ausschlaggebend war. Grob gesehen lassen sich verschiedene europäische Erzählkreise feststellen. Die Balkanländer, Skandinavien, Mitteleuropa usw. sind jeweils durch ähnliche Erzähltraditionen bestimmt. Auffallende Gemeinsamkeiten besitzen die am Mittelmeer liegenden Länder, und zwar über Europa hinaus. Doch sind solche Erzählkreise niemals scharf getrennt, überall gibt es Kontaktzonen.[7]

III.

Die Unterschiedlichkeit der vorgestellten Märchen ist nicht allein geographisch bedingt. Manchmal ist das Herkunftsland sogar weniger wichtig als die Zeit, aus der eine Aufzeichnung stammt, oder als Talent und Temperament der Erzählerin oder des Erzählers.
Wenn verschiedene Personen ein und dieselbe Geschichte erzählen, kommen verschiedene Produkte heraus. Jede mündliche Erzählung ist eine Variante, jedes Mal lautet sie etwas anders. Zum Beispiel

weichen auch Berichte über gemeinsame Reisen, heutzutage ein beliebter Erzählstoff, oft ziemlich voneinander ab; die einen erzählen spannender, die anderen trockener; die einen sprechen über Begegnungen mit netten Leuten, die anderen erregen sich über das Desaster mit dem Mietwagen, der stehenblieb. Mitbestimmend ist natürlich auch, wem von den Urlaubserlebnissen berichtet wird, den Kollegen, den Freunden oder den Schwiegereltern. So verändern sich auch Märchen, je nachdem, ob sie für Kinder oder für Erwachsene bestimmt sind, von einer talentierten oder weniger begabten Person, von einer Frau oder einem Mann erzählt werden.

Es dauerte lange, bis die Wissenschaft die Rolle individueller Erzählerpersönlichkeiten für die Bewahrung und Weiterentwicklung des Märchens erkannte. Vereinzelt lieferten zwar schon Sammler des 19. Jahrhunderts Erzählerbeschreibungen, systematische Studien setzten aber erst seit den zwanziger Jahren unseres Jahrhunderts mit den Arbeiten vor allem russischer Folkloristen ein. Sie ordneten zum Beispiel ihre Märchenpublikationen nicht nach Themen, sondern nach Dörfern und Informanten. Aus dieser Zeit stammt die berühmte Beschreibung Natalja O. Vinokurovas, einer sibirischen Erzählerin, und ihres Repertoires.[8] Gute Erzählerinnen und Erzähler kennen oft Hunderte von Geschichten; von Filoména Hornychová aus einer tschechischen Sprachinsel in der schlesischen Landschaft Glatz zum Beispiel wurden 500 Texte aufgenommen.[9] Doch Gedächtnisleistungen allein sind nicht ausschlaggebend, Erzählen, und besonders Märchenerzählen, erfordert künstlerische Begabung. Manche Erzähler halten sich in Inhalt und Stil streng an überlieferte Formen, verstehen sich als Hüter überkommener Traditionen; andere sind kreative Neuschöpfer, die die Märchen phantasievoll aus- und umdichten. Erzählen ist aber nicht Wortkunst allein, es gibt ausgesprochene Schauspielertypen, die ihre Erzählungen wie Theaterstücke inszenieren.

Untersuchungen aus unserem Jahrhundert ergeben, daß Zaubermärchen und Novellenmärchen, neben schwankhaften Geschichten zur Erziehung der Mädchen, hauptsächlich von Frauen erzählt werden; Männer bevorzugen Schwänke, Witze und Anekdoten. Das ist unter anderem auf die weiblich/männliche Rollenverteilung zurückzuführen: Frauen erzählten traditionell in der Familie, Männer im außerhäuslichen Bereich, zum Beispiel im Wirtshaus.[10] Lange komplexe Zaubermärchen fordern größere Konzentration, auch von den Zuhörern, und setzen eine bestimmte Erzählsituation voraus, im Unterschied zu kurzen, witzigen Geschichten, die mal zwischendurch erzählt werden können. Generelle Aussagen sind jedoch sehr schwierig. So stellt der dänische Folklorist Bengt Holbek zunächst fest, daß in einigen Gegenden Dänemarks, aber auch auf den Färöern, in Teilen Norwegens und in Sizilien die Frauen mehr Zaubermärchen erzählt haben als die Männer, in anderen Gebieten umgekehrt.[11] Holbek und der Rostocker Folklorist Siegfried Neumann[12] schließen jedoch aus Archivmaterialien, die in der 2. Hälfte des 19. Jahrhunderts aufgezeichnet wurden, daß ursprünglich Männer die Hauptträger des Zaubermärchens waren. Das spätere Übergewicht der Frauen erklären sie aus dem Umbruch in der bäuerlichen Gesellschaft: Die Männer wurden von der industrialisierten Welt eher erreicht, hatten mehr Kontakte zur städtischen Kultur und gaben alte Traditionen auf, während die Frauen, an das Haus gebunden, diese länger bewahrten. Zu berücksichtigen ist allerdings auch, daß es lange Zeit, ganz besonders im 19. Jahrhundert — und vorher gab es keine nennenswerten Textaufzeichnungen — fast ausschließlich Männer waren, die Märchen sammelten, herausgaben und untersuchten. Abgesehen von ihrer anderen Interessenlage hatten sie vielleicht auch weniger Kontaktmöglichkeiten zu weiblichen Informanten? Zum Beispiel sind die um die Mitte des vorigen Jahrhunderts von der Konsulstochter Laura Gonzenbach zusammengetragenen sizilianischen Märchen — mit Ausnahme eines männlichen Informanten — sämtlich Frauen zu verdanken.[13] Auch Giuseppe Pitrè, der zwei Jahrzehnte später ebenfalls in Sizilien sammelte, hatte vorwiegend Frauen als Erzählerinnen.[14] Lag es daran, daß er als Arzt leichter Zugang zu ihnen fand oder handelt es sich um eine sizilianische Besonderheit?

Schließlich hatten Männer jahrtausendelang mehr oder minder verächtlich auf die ›Ammenmärchen‹ und ›Altweibergeschichten‹ der Frauen herabgesehen, von der Antike über das Mittelalter bis zur Zeit der Aufklärung, von Platon, Cicero, Horaz bis zu Christoph Martin Wieland: »Ammenmärchen, im Ammen-Ton erzählt, mögen sich durch mündliche Überlieferung fortpflanzen; aber gedrukt müssen sie nicht werden.«[15] Spätere Dichter hingegen schätzten diese Überlieferung sehr hoch und haben aus ihr für eigene Werke geschöpft: Puškin rühmte die Kinderfrau Anna Radionovna, Goethe seine fabulierlustige Mutter, selbst Heine zollt den Ammenmärchen nostalgischen Tribut, und Maksim Gor'kij lernte Lieder, Märchen, Sagen von seiner Großmutter Akulina und der alten Amme Jevgenija kennen. Ihre Erinnerungen beziehen sich alle auf den häuslichen Bereich, die Kinderstube. Zeugnisse aus unterschiedlichen Epochen geben aber Aufschluß über sehr viele andere Erzählorte und -gelegenheiten: Man erzählte Geschichten in »den Haushalten des europäischen Adels und an Königshöfen, in den Refektorien der Klöster, den Übernachtungsstätten der Handwerksburschen, der reisenden Kaufleute, der Bettler und anderer Fahrender, in den Unterkünften der Saisonarbeiter, in Kinderzimmern, bei Totenwachen und Hochzeitsfeiern, am Kamin von Bauernhäusern, in Schenken und Dorfkramläden, auf dem Weg zum Markt und auf der Pilgerfahrt zu einem verehrten Heiligen.«[16]

Bei den Erzählern und Erzählgemeinschaften aus der Zeit von etwa 1850 bis zum Ende des Zweiten Weltkriegs, denen ja die Märchenbücher und Archive ihr meistes Material verdanken, unterscheidet die ungarische Folkloristin Linda Dégh drei Gruppen[17]: 1. Angehörige von Wanderberufen wie Handwerker, Hausierer, Seeleute, Fischer, Bettler, Wanderprediger, Saisonarbeiter, Holzfäller, Hirten, Jäger; 2. Feste, Winterabende und Arbeitsanlässe — wie die berühmten Spinnstuben — in der Dorfgemeinschaft; und 3. als letzte, bisher wenig beachtete Gruppe unfreiwillige Gemeinschaften, die im Krankenhaus, in Strafanstalten, bei Reisen oder im Wehrdienst, im Krieg und in der Kriegsgefangenschaft entstehen. Daraus wird gleichzeitig ersichtlich, woher die Erzählerinnen und Erzähler ihre Geschichten hatten und welche vielfältigen Möglichkeiten es zum Austausch von Märchen gab, außerdem wird deutlich, daß die Männer dazu sehr viel mehr Gelegenheiten hatten als die Frauen. Erzählerinnen wie die Bretoninnen Barba Tassel und Marguerite Philippe waren sicher nicht die Regel: Beide waren viel unterwegs, die eine als Gemeinde- und Telegrammbotin, die andere als eine Art Berufspilgerin — sie erledigte Fürbittaufträge an Wallfahrtsorten.[18] Eine wichtige Vermittlungsquelle war jedoch auch die Familie, in der verschiedene Überlieferungsketten auftreten: Die Märchen wurden etwa von der Großmutter über die Mutter zur Tochter, vom Vater über den Bruder zur Schwester weitergegeben.[19] Der Tagelöhner Hans Bensien aus Schleswig-Holstein erzählte um die Jahrhundertwende als 85jähriger Märchen, die er als Zehnjähriger, also ungefähr 1820, von seiner bereits über 80jährigen Großmutter gehört hatte, die wiederum die Märchen aus ihrer Jugendzeit kannte — mithin ein feststellbarer Überlieferungszeitraum von über 140 Jahren.[20] Da Frauen und Männer als Glieder in einer einzigen Überlieferungskette stehen können, ist nicht von vornherein auf ein typisch weibliches oder typisch männliches Repertoire zu schließen. Als Quellen für neue Geschichten kamen außerdem oft populäre Lesestoffe wie Volksbücher, Kalender, Bilderbogen und schließlich auch Märchenbücher hinzu.

Die Frage nach dem Anteil der Märchenerzählerinnen an der Überlieferung hat nicht den Sinn, eine Art Wettbewerb zu veranstalten, sie soll vielmehr helfen, Grundlagen für Interpretationen zu liefern und zu erfahren, ob Frauen ein spezifisches Repertoire und eine spezifische Erzählweise haben — Sachverhalte, die auch für den sozialhistorischen Hintergrund allgemein von Bedeutung sind.

Wählen zum Beispiel Frauen bestimmte Zaubermärchen aus, wenn sie erzählen? Auch dies ist noch nicht geklärt, war bisher kaum ein Gegenstand wissenschaftlichen Erkenntnisinteresses. Während Linda Dégh bei traditionellen Erzählerinnen keine Tendenz bemerkt, Märchen mit weiblichen Hauptgestalten zu bevorzugen, sondern die Unterschiede zu den Märchen der Männer mehr in der stilistischen Gestaltung und in der Hervorhebung weiblicher Standpunkte sieht[21], stellt Bengt Holbek bei der Analyse des umfangreichen Erzählkorpus, das der Däne Evald Tang Kristensen im 19. Jahrhundert in Jütland sammelte, fest, daß Frauen häufiger als Männer Märchen erzählen, in deren Mittelpunkt eine Frau steht.[22] Diese bereits in der Stoffwahl zu erkennende Neigung bestätigt sich nach Siegfried Neumann auch in neuerer Zeit für Mecklenburg[23]: »Frau Peters-Kortüm bevorzugt Märchen, in denen junge Mädchen und Bräute im Mittelpunkt der Darstellung stehen, Dornröschen, Aschenputtel usw. Aber auch die Märchen der übrigen Erzählerinnen behandeln vorwiegend Frauenschicksale, so daß man regelrecht von ›Frauenmärchen‹ sprechen könnte, nicht nur in bezug auf den Inhalt, sondern eben auch hinsichtlich der Überlieferungsträger.«

Gute Erzählerinnen und Erzähler versetzen sich selbst und ihre Zuhörer in die Welt des Märchens. So erzählt die Mecklenburgerin Bertha Peters nicht alle ihr bekannten Geschichten mit weiblichen Protagonisten, sondern wählt diejenigen aus, mit deren Hauptfiguren sie sich identifizieren kann. Rapunzel, Allerleirauh und die Kluge Else mochte sie zum Beispiel nicht.[24] Charakteristisch für ihre Erzählweise ist, daß sie die Märchen mit Elementen ihres Lebensmilieus anreichert; eine besondere Vorliebe hat sie für Schilderungen von Hausfrauenarbeiten. Über solchen Alltagsrealismus hinaus fließen jedoch ganz persönliche Standpunkte und Erfahrungen ein. Eindringlich stellt sie materielle Nöte, die armseligen Lebensverhältnisse der Heldinnen, den Kampf um die kümmerliche Existenz dar. Ein in den verschiedensten Geschichten immer wiederkehrendes Thema ist bei ihr die alleinstehende Frau mit Kindern. Die Familienverhältnisse in ihren Märchen sind selten intakt, und sehr oft sind es Rabenväter, die daran Schuld tragen. Vor dem biographischen Hintergrund der Erzählerin gesehen sind das höchst aufschlußreiche Aspekte: Frau Peters wurde nach dem Ersten Weltkrieg geschieden und mußte ihre drei Kinder allein erziehen. Neumann nennt es fast symbolisch, wenn am Schluß des Märchens vom Mädchen und seinen zwölf Brüdern die Kinder »›ehr leiw' Mudding … mit acht Pierd' vör'n Wagen‹ zu sich holen, vom Vadder aber gesagt wird, ›dee bleew nu up sien ollen Dag' ganz, ganz allein […]‹«.[25]

Traditionelle Erzählgemeinschaften existieren in Europa heute kaum noch. Industrialisierung, Verstädterung und Wandel der gesellschaftlichen Verhältnisse brachten andere Arbeitsabläufe und andere Bedürfnisse mit sich. Trotz aller Medienfülle — Bücher, Kassetten, Film, Fernsehen, Video — wird natürlich heute immer noch erzählt, doch es sind eher Witze, schwankhafte Geschichten, Alltagsereignisse und die modernen Stadtsagen, in denen auch das Irrationale seinen Platz hat, nicht aber die langen phantasievollen Zaubermärchen. Dagegen greifen Pädagogen, Psychologen und Psychotherapeuten für ihre Arbeit gern auf sie zurück. Eine Art Renaissance erfährt das Zaubermärchen in unserer Mediengesellschaft durch vorwiegend weibliche, professionelle und halbprofessionelle Erzähler, die in Kindergärten, Schulen, Ferienlagern, Altenheimen und bei Kunstveranstaltungen Märchen vortragen, welche sie meist Büchern entnommen haben.[26] Daß klassische Märchenstoffe noch zum Allgemeingut gehören, zeigt die Flut der Märchenwitze, -karikaturen, -parodien und -comics, die sich anhaltender Beliebtheit erfreuen. Stehen wir vor einer neuen Art von Erzählgemeinschaften mit Märchen in einer anderen Funktion? Vielleicht haben wir aber falsche Vorstellungen von der Wirklichkeit der traditionellen Zaubermärchen. Die gerühmten Erzählkünstler waren ja Einzelerscheinungen. Auch früher machten witzige, humoristische und alltägliche Geschichten bei weitem den Hauptanteil des üblichen Repertoires aus, und die heute vorwiegende Existenzform des Zaubermärchens als Buchmärchen hat es schon einige Male gegeben, mitsamt seinem großen Einfluß auf das mündliche Erzählen und seinem Einsatz in der Erziehung.

IV.

Die ersten europäischen Märchenbücher stammen aus Italien: Es sind die *Piacevoli notti* (1550 und 1553) des Giovan Francesco Straparola aus Caravaggio und das noch berühmtere *Pentamerone* (zwischen 1634 und 1636) des Neapolitaners Giambattista Basile. Um 1690 machte dann Madame d'Aulnoy das Märchen in den feinsten Pariser Kreisen salonfähig. Eine neue Kunstform war kreiert: das Feenmärchen. Bis heute bekannt und beliebt sind die *Histoires ou contes du temps passé* (1697) von Charles Perrault, dessen Sammlung für Frankreich eine ähnliche Rolle spielt wie für Deutschland die der Brüder Grimm. Federführend in der literarischen Märchenszene waren jedoch mondäne Damen. Die französischen Feenmärchen haben wegen ihrer Wendung ins Ironische und Extravagante einerseits, ins Moralisch-Didaktische andererseits mit dem Volksmärchen wenig zu tun. Trotzdem war ihre Wirkung auf die Volksüberlieferung ungeheuer (s. Texte 1, 4); in fast allen Ländern Europas wurden sie durch billige Heftchenliteratur und Bilderbogen kolportiert und erreichten dadurch auch wenig begüterte Gesellschaftsschichten.

Ein Jahrhundert später erschienen dann in Deutschland die *Kinder-und Hausmärchen* der Brüder Grimm (Erstausgabe 1812/15). Sie sind zum Inbegriff des Märchens, ihr Stil ist zum Märchenstil schlechthin geworden. Jacob und Wilhelm Grimms Intentionen unterschieden sich von denen ihrer Vorläufer prinzipiell, sie wollten bewußt die Poesie des Volkes wiedergeben. Anfang des 19. Jahrhunderts war das ein revolutionärer Schritt. Schriftsteller lästerten über die schlampige Sprache, Pädagogen fürchteten um die Kinder, Aufklärer protestierten gegen die Volksverdummung und warnten vor einer Wiederbelebung des Aberglaubens. Doch die Idee, Überlieferungen »aus dem Munde des Volkes« aufzuzeichnen, fand schnell — und weit über Deutschland hinaus — begeisterte Anhänger, das 19. Jahrhundert wurde zu einer Epoche intensivster Sammeltätigkeit.

Abgesehen davon, daß den damaligen Forschern gar nicht die technischen Möglichkeiten für eine exakte Wiedergabe langer Zaubermärchen zur Verfügung standen, hatten sie auch ein anderes Verständnis von Texttreue als moderne Folkloristen und ein bestimmtes Forschungsinteresse: Es galt, Zeugnisse des Altertums zu erhalten und die Geschichte des eigenen Volkes zu rekonstruieren. Wichtig waren die Inhalte, die Erzählstoffe und -motive. Die stilistische Ausgestaltung der Geschichten nach oft nur stichwortartigen Notizen wurde als Aufgabe der Herausgeber empfunden, und das bringen sie auch ganz deutlich zum Ausdruck[27]: »Was die Weise betrifft, in der wir hier gesammelt haben, so ist es uns zuerst auf Treue und Wahrheit angekommen. Wir haben nämlich aus eigenen Mitteln nichts hinzugesetzt, keinen Umstand und Zug der Sage selbst verschönert, sondern ihren Inhalt so wiedergegeben, wie wir ihn empfangen hatten; *daß der Ausdruck und die Ausführung des Einzelnen großenteils von uns herrührt, versteht sich von selbst*, doch haben wir jede Eigentümlichkeit, die wir bemerkten, zu halten gesucht, um auch in dieser Hinsicht der Sammlung die Mannigfaltigkeit der Natur zu lassen.«

Jacob und Wilhelm Grimm waren sehr gute Kenner von Volkserzählungen und hatten ein feines Gespür für Strukturen. Ihr Ziel war es, aus dem vorhandenen Material die schönste, überzeugendste, vollständigste, gültigste Fassung auszuwählen beziehungsweise zu rekonstruieren. Erschien ihnen eine Passage unzulänglich erzählt oder fehlte das Ende eines Märchens, so ergänzten und verbesserten sie aus den ihnen bekannten Varianten, wobei sie auch Texte aus schriftlichen Quellen heranzogen, darüber hinaus bauten sie ›Eigentümlichkeiten‹ aus anderen Versionen ein. Der Vergleich der Endfassungen mit denen der Erstausgabe veranschaulicht dieses Verfahren. So trachtet im Schneewittchen-Märchen ursprünglich nicht eine Stiefmutter, sondern die leibliche Mutter ihrer Tochter nach dem Leben, und Rumpelstilzchen reißt sich nicht selbst mitten entzwei, sondern »lief zornig fort und kam nimmermehr wieder«. Das bei uns abgedruckte Märchen von den drei Spinnerinnen (Text 5) hieß in der Erstauflage *Von dem bösen Flachsspinnen*.[28] Es beginnt: »Vorzeiten lebte ein König, dem war nichts lieber auf der Welt als Flachsspinnen, und die Königin und seine Töchter mußten den ganzen Tag spinnen, und wenn er die Räder nicht schnurren hörte, war er böse.« Die Prinzessinnen sind darüber sehr unglücklich und weinen: »wenn wir das alles spinnen sollen, müssen wir den ganzen Tag sitzen und dürfen nicht einmal aufstehen.« Da läßt die Königin drei »besonders häßliche Jungfern«, die mit der Hängelippe, die mit dem dicken Zeigefinger und die mit dem Platschfuß, kommen und instruiert sie, dem König zu sagen: Allein vom Spinnen seien sie so garstig geworden. Die List führt zum gewünschten Resultat; der König befiehlt, die Königin und die Prinzessinnen »sollten nimmermehr ein Spinnrad anrühren und so waren sie ihrer Qual los«. Viel deutlicher als in der Endfassung kommt hier die Plackerei des Spinnenmüssens zum Ausdruck; die herbeigerufenen Spinnhelferinnen sind bar aller übernatürlichen Züge, die Befreiung aus der mißlichen Lage geschieht durch einen klugen Trick, durch Selbsthilfe also. Als ›falsch‹ darf keine der beiden Versionen betrachtet werden; wir haben hier vielmehr ein Beispiel dafür, daß einer Fassung mit magischen Elementen und einer Märchenhochzeit am Ende der Vorzug gegeben wurde.

Alle Bearbeitungen der *Kinder- und Hausmärchen* seit der zweiten Auflage gehen auf Wilhelm Grimm zurück.[29] Untersuchungen zeigen, wie Geschmack, Wertvorstellungen und damit auch das Frauenbild des 19. Jahrhunderts in die Märchentexte eingeflossen sind und sie für eine bürgerliche Kinderstube verniedlicht wurden.[30]

Eigentlich könnte Wilhelm Grimm als letztes Glied einer Überlieferungskette betrachtet werden, als letzter Erzähler vor der Fixierung durch das gedruckte Wort, und den Rang eines ausgezeichneten Erzählers scheint ihm der über 150 Jahre anhaltende Erfolg der *Kinder- und Hausmärchen* zu bestätigen. Nur darf nicht vergessen werden: Dieser Erzähler ist ein bürgerlicher Gelehrter des 19. Jahrhunderts, dessen Spezialgebiet die Volkspoesie war.

Nachfolgende Märchensammlungen hatten es schwer, sich gegen die *Kinder- und Hausmärchen*, die über das deutsche Sprachgebiet hinaus Vorbildcharakter hatten, durchzusetzen. Zwar haben sich die Anschauungen über Märcheneditionen längst geändert, es wird eine authentische Wiedergabe gefordert, doch ist vielen Ausgaben und auch den deutschen Publikationen von Märchen anderer Völker der Grimm-, der ›Märchenstil‹ anzumerken. Es sollen schöne oder sogar die ›schönsten‹ Märchen vorgestellt werden.[31] Zumindest wird fast immer geglättet, sprachliche und logische Unebenheiten werden ausgebügelt, Brüche gekittet, Wiederholungen ausgemerzt, schmückende Adjektive eingefügt; darüber hinaus können Erklärungen nachgeliefert, anstößige Stellen entfernt, Charaktere verflacht werden usw., usw. Die hier abgedruckten Texte — der älteste stammt vom Anfang des 19. Jahrhunderts, der jüngste wurde erst 1982 aufgezeichnet — repräsentieren die unterschiedliche Intensität von Bearbeitungen. Dabei haben wir Warnungen vor dem Publikumsgeschmack in den Wind geschlagen und einige nicht dem gängigen Märchenideal entsprechende Texte aufgenommen. Wenig ›märchengerecht‹ heißt es dann zum Beispiel statt »und sie lebten herrlich und in Freuden«: »und es ging ihnen prima«, oder statt »Mutter« und »Vater« sagt die Heldin eben »Mama« und »Papa« (Text 4).

Viele Wandlungen hat das Märchen erfahren. Einige Stationen haben wir es begleitet: Das Märchen ändert sich jedesmal, wenn es erzählt wird, von Land zu Land, von Epoche zu Epoche, von Person zu Person. Die Sammler von Volkserzählungen sind für uns, gemeinsam mit den Herausgebern, mit deren Produkten wir konfrontiert werden, zu Mittlern geworden. Das Märchen ist durch viele kollektive und individuelle Filter gegangen, ehe es uns erreicht.[32] Trotz all dem oder dank all dem existieren diese viel-

schichtigen Dichtungen, die in der Wissenschaft als ›einfache Formen‹ definiert werden.

V.

Es scheint ein Widerspruch in sich, daß diese ›einfachen Formen‹ bis
in die heutige Zeit ganze Forschergenerationen beschäftigt haben,
die ihrem Sinn, ihrem Wesen auf die Spur kommen wollten.
Philologen, Volkskundler, Ethnologen, Kulturgeschichtler, Reli-
gionswissenschaftler, Psychologen, Pädagogen und Philosophen
haben sich um das Märchen bemüht.[33] Lassen wir einige Versuche
zur Deutung des Märchens aus den letzten 180 Jahren Revue
passieren − nicht ausschließlich, aber doch bevorzugt wählen wir
dazu solche Beispiele und Ansätze aus, die Aufschlüsse über Frauen
anbieten oder Frauengestalten zur Interpretation heranziehen.
In den Anfängen der Märchenforschung galten Märchen − den
Ideen der Romantik entsprechend − als kollektive Schöpfungen der
›Volksseele‹, als altüberkommenes gemeinschaftliches Erbe. Die
Frage nach ihrer Bedeutung war untrennbar mit der Frage nach
ihrem Alter verbunden. Die im Märchen bewahrten mythischen
Splitter wollten aufgefunden werden − Wilhelm Grimm hat das in
ein schönes Bild gebracht[34]: »Gemeinsam allen Märchen sind die
Überreste eines in die älteste Zeit hinauf reichenden Glaubens, der
sich in bildlicher Auffassung übersinnlicher Dinge ausspricht. Dies
Mythische gleicht kleinen Stückchen eines zersprungenen Edel-
steins, die auf dem von Gras und Blumen überwachsenen Boden
zerstreut liegen und nur von dem schärfer blickenden Auge entdeckt
werden. Die Bedeutung davon ist längst verloren, aber sie wird noch
empfunden, und gibt dem Märchen seinen Gehalt, während es
zugleich die natürliche Lust an dem Wunderbaren befriedigt; niemals sind sie bloßes Farbenspiel gehaltloser Phantasie.«
Im Unterschied zu Wilhelm Grimm waren manche nachfolgende
Splitterforscher für die Poesie des Märchens weniger empfänglich,
doch um so mehr um mythologische Bedeutungsgebung bemüht.
Die Mythenfunde wurden als Allegorien besonders von Naturer-
scheinungen aufgefaßt: So interpretierte die sogenannte astralmy-

thologische Schule die Märchen als Darstellungen von Himmelsphä-
nomenen. Ein kennzeichnendes Beispiel für solche Auslegungen
bietet das Rotkäppchen-Märchen, das seit Ende des 17. Jahrhunderts
zur Warnung und Abschreckung kleiner (und größerer) Mädchen
vor den Gefahren der Welt und den Folgen des Ungehorsams dient.
Die Mondmythologen überhöhten Rotkäppchen zum Sinnbild der
Mondphasen: Der schwindende Mond fällt der Finsternis (= dem
Wolf) anheim, bevor er sich zu neuem Wachstum anschickt.[35] Die
Sonnenmythologen hingegen möchten in Rotkäppchen, eben der
roten Kappe wegen, ein anderes Lichtwesen erblicken: die sanfte
Morgenröte. Keine Einigkeit besteht bei ihnen über den Wolf: Die
einen erkennen in ihm die Sonne[36], die anderen die finstere Nacht,
und letztere Deutung erlaubt nun, im Jäger den Sonnengott zu
sehen, der die Morgenröte aus dem Bauch der Finsternis befreit.[37]
Nach einer weiteren, nicht auf den Tages-, sondern auf den Jahres-
zyklus ausgerichteten Interpretation verkörpert Rotkäppchen wiederum die Herbstsonne, die vom Winter (= Wolf) verschluckt
wird.[38]
Unter dem Einfluß der anthropologischen Folkloristik, die sich in der
zweiten Hälfte des 19. Jahrhunderts etablierte, kam es dann zu
Versuchen, die Märchen in Beziehung zu Bräuchen und Riten zu
setzen. Bleiben wir noch einmal beim Rotkäppchen: Einer von den
Festen des Jahreslaufs ausgehenden Deutung zufolge ist Rotkäppchen, in Assoziation mit Maibräuchen, der junge Frühling, der noch
mit dem Winter (dem Wolf) kämpfen muß.[39] Daneben konzentrier-
ten sich die Ritentheorien unter anderem auf Initiationspraktiken,
wobei Pubertätsriten von besonderem Interesse waren; Märchen mit
jungen Heldinnen, wie dem Schneewittchen-Märchen, wurde zum
Beispiel das Interpretationsschema Ablösung – Exil – Reintegra-
tion zugrunde gelegt.[40] Wie schon gesagt, empfingen die Ritentheorien entscheidende Impulse aus der vergleichenden Ethnologie, die
von den sogenannten Naturvölkern auf die Frühstadien der europäischen Kultur schließen, gleichsam deren ›Kindheitsgeschichte‹
rekonstruieren wollte (wobei auch Analogien zum Kindheitsstadium
des Individuums gezogen wurden). Eine solche Betrachtungsweise
erlaubte dann erhebliche Sprünge:
Man konnte etwa die Pubertätsweihen bei den Tlingit- oder Kolosh-

Indianern in Alaska oder bei den Singhalesen heranziehen, um den Turm, in dem Rapunzel von der Hexe eingeschlossen wurde, zur Erinnerung an die ›Pubertätshütte‹, in der heranreifende Jungfrauen die Zeit des ›Mädchenexils‹ verbrachten, zu erklären.[41] Bei diesen auf außereuropäische Traditionen und auf nicht dokumentierte Vorzeiten zurückgreifenden Deutungen ist Vorsicht angebracht, denn sie setzen ein bisher nicht bewiesenes sehr hohes Alter und eine jahrtausendelang gleichbleibende Erscheinungsform des Märchens voraus.

Gleiches gilt für die Herleitung eines Teils der Märchenüberlieferung aus mutterrechtlichen Gesellschaftsstrukturen.[42] Nach solchen Theorien weisen zum Beispiel Frauengestalten wie die Hexe im Wald, die Schicksalsfrauen (besonders typisch für südosteuropäische Erzählungen[43]), die Baba-Jaga (Text 15) und Frau Holle Aspekte der Großen Göttin auf und tragen mutterrechtliche Züge. In Zusammenhang mit einer der patriarchalischen Phase vorausgehenden femininen Gesellschaftsordnung werden Erzählungen gestellt, in deren Mittelpunkt die Entzauberung des Mannes durch die Frau (Texte 4, 10) oder eine Mutter-Tochter-Beziehung (oft verbunden mit Initiationshandlungen) steht. Solche Erzählungen sollen daher älter sein als die patriarchalisch-heroisch geprägten Heldenmärchen. Angeführt wird etwa das Frau Holle-Märchen mit seinen vier weiblichen Figuren, die je zwei Mutter-Tochter-Beziehungen abbilden, und in dem bei der Reise in die Unterwelt und bestimmten Handlungen Bezüge zu Initiationspraktiken erkennbar seien.[44] Verschiedentlich werden typische Märchenkonstellationen aus einer matrilinearen und matrilokalen Ordnung, d. h. der Vererbung und der Herleitung des Stammbaums in weiblicher Linie und der Bindung des Ehemanns an den Wohnsitz der Frau[45], erklärt. Daß zum Beispiel die älteren Schwestern im Märchen der Jüngsten mißgünstig gegenüberstehen und sie mit Bosheit und Haß verfolgen (Texte 1, 4), wird auf Erbstreitigkeiten zurückgeführt: Die Älteren wollen die Jüngste, die nach matristischem Recht Erbin der Mutter war, um ihre Ansprüche bringen.[46] Analoge Strukturen in Märchen, die von drei Brüdern handeln, finden in diesem Zusammenhang keine Berücksichtigung. Als Indiz für die Bewahrung einstiger gesellschaftlicher Verhältnisse im Zaubermärchen wird ferner angeführt, daß der Märchenheld selten den Thron seines Vaters erbt, sondern in ein fremdes Reich einheiratet; Versionen, in denen der Sohn am Ende doch das Erbe seines Vaters antritt, werden für patriarchalisch beeinflußte sekundäre Entwicklungen gehalten.[47]

Wir sehen immer wieder, daß Zuweisungen an bestimmte historische oder gar prähistorische Epochen die größten Schwierigkeiten bereiten, und das kann auch nicht anders sein, denn unsere Märchen sind ein Amalgam von Elementen, die aus den verschiedensten Zeiten, Ländern und Kulturen stammen, und nicht zuletzt ist Individuelles eingeflossen; Versuche, die miteinander verschmolzenen Einzelzüge wieder voneinander zu trennen, sind problematisch. Vorbei sind die Zeiten, als das Alter eines Märchens flugs nach der Schürze der Heldin bestimmt wurde, denn man meinte, älter als der Gegenstand — und die Schürze gehöre erst seit dem 16. Jahrhundert zur weiblichen Tracht — könne auch die Erzählung nicht sein. Inzwischen wird nicht nur mit späteren Zutaten und Modernisierungen gerechnet, sondern auch mit nostalgischer Rückwendung an die Vergangenheit, mit der Neigung, die ›alten‹ Märchen mit altem Zubehör zu schmücken.[48]

Um das Alter des Märchens wird immer noch heftig gestritten. Es ist eben ein Dilemma, mündliches Erzählen aus schriftlichen Quellen ermitteln zu müssen. Es gibt Märchenstoffe, die schon sehr früh bezeugt sind: das ägyptische Brüdermärchen etwa, das auf das 11. bis 13. Jahrhundert v. Chr. datiert wird; die mit dem Zyklus der Meisterdieb-Geschichten verwandte ägyptische Erzählung vom Diebstahl im Schatzhaus des Pharaos Rhampsinit, die durch Herodot aus dem 5. Jahrhundert v. Chr. tradiert ist; oder die *Amor und Psyche*-Erzählung des römischen Dichters Apuleius aus dem 2. Jahrhundert n. Chr., die den weitverbreiteten Märchen von der Frau auf der Suche nach ihrem Tierbräutigam oder Tiergatten nahesteht (s. Texte 4, 10).

Zwischen den frühen Gestaltungen und den uns bekannten Märchen liegen oft Welten. Dies zeigt die Textgeschichte des Märchens vom Teufel mit den drei goldenen Haaren. Der erste Teil erzählt, daß einem Sohn armer Leute bei der Geburt geweissagt wird, er werde die Tochter des Königs heiraten. Der König hört das und unternimmt mehrere Mordanschläge auf das Kind, das seinem Schicksal jedesmal durch glückliche Fügungen entrinnt. Schließlich schickt der König den Jungen mit einem Schreiben zur Königin, in dem steht, der Überbringer solle sofort getötet werden. Unterwegs übernachtet der Knabe bei Räubern, die das Todesurteil lesen und gegen einen anderen Befehl austauschen: Der Überbringer solle sogleich mit der Königstochter verheiratet werden. Und so geschieht es. Dieses Schicksalsmärchen läßt sich bis ins 3. Jahrhundert n. Chr. in eines der kanonischen Werke des Buddhismus, das nach indischen Vorlagen ins Chinesische übertragene *Liu-tu chi ching*, zurückverfolgen. Veranschaulicht werden soll dort die Übung in der Tugend der Geduld, und im Mittelpunkt der Handlung steht Buddha in einer seiner früheren Existenzen: nicht nur eindeutig eine religiös-belehrende Geschichte also, sondern Bestandteil der heiligen Schriften. Mithin ist es überhaupt nicht unser Märchen, was uns hier entgegentritt, sondern eine Geschichte von völlig anderem geistigen Gehalt, gemeinsam ist lediglich das erzählerische Gerüst, die Grundstruktur der Handlung, und es bedurfte eines weit über tausendjährigen Wandlungsprozesses, bis das buddhistische Lehrexempel in der Gestalt eines europäischen Volksmärchens erschien.[49] Die Mehrzahl der Erzählstoffe ist jedoch nicht vor dem Mittelalter greifbar, in Heldenliedern und höfischen Romanen, in Novellensammlungen und Chroniken, in Heiligenleben und Predigtexempeln, und eigentliche Märchen, wie wir sie verstehen, sind erst aus der frühen Neuzeit bekannt. Immer ist von einer Wechselwirkung zwischen mündlicher und schriftlicher Überlieferung auszugehen.

Die bisher angeführten Theorien wollten das Märchen durch räumlich oder zeitlich weit entfernte Gesellschaftsformen beziehungsweise diese durch das Märchen erklären. Die analytischen Schulen der Psychologie hingegen betrachten das Märchen als Spiegel innerseelischer Vorgänge. Psychologen Freudscher Richtung zufolge sind in Märchen unbewußte Triebkonflikte abgebildet, die sich ähnlich wie in Träumen symbolischen Ausdruck verschaffen. Sigmund Freud[50] hatte bei der Analyse von Träumen neurotischer Patienten Märchenstoffe gefunden, über deren individuelle Bedeutung hinaus er Hinweise auf allgemeinere Sinnzusammenhänge gab; er vermutete etwa, daß die Kinderschreckmärchen vom Wolf und den sieben Geißlein und vom Rotkäppchen die »infantile Angst vor dem Vater zum geheimen Inhalt« haben könnten – der Wolf also nun als

Vaterfigur. Seine Nachfolger versuchten mit Hilfe der Traumsymbolik zu generelleren Aussagen zu gelangen; im Zentrum stehen stets Komplikationen des Sexuallebens, die von frühkindlichen Erlebnissen vorgeprägt sind. Sehen wir uns ein Beispiel für eine solche Deutung an[51]: »Schneewittchen ißt mit der Königin einen Apfel. Das Essen eines Apfels ist ein uraltes und allgemein verstandenes Symbol für sexuellen Genuß; das gemeinsame Essen ist außerdem ein uraltes Symbol für Identifizierung. Wenn also Schneewittchen einen Apfel mit der Mutter zusammen ißt, so hat sie sich mit der Sexualität der Mutter identifiziert. Für diese verpönte Identifizierung wird sie mit einem todesähnlichen Zustand bestraft, aus dem sie erst befreit wird, als sie den Apfel ausspuckt; symbolisch bedeutet das, daß, wenn sie auf ihren Anteil an sexuellen Genüssen der Mutter – d. h. auf den Vater – verzichtet, sie keine Strafen mehr braucht.«

Die Schule C. G. Jungs lehnt eine so einseitige Ausrichtung auf das Triebleben ab; die individuelle Psyche stehe in übergreifenden Sinnzusammenhängen, sie sei wesentlich bestimmt von archaisch vererbten, allgemeinmenschlichen, kollektiven Urbildern und Reaktionsmustern. Archetypische Grundstrukturen der Psyche offenbarten sich in Märchen und Mythen, die Sinnbilder für Grundsituationen des menschlichen Daseins, für menschliche Reifeprozesse darstellten. Nur am Rande angemerkt sei: Die Anwendung der analytischen Psychologie Jungs auf Märchen wird, so scheint es, vor allem von Frauen gepflegt, die an der Freudschen Psychoanalyse orientierten Interpreten sind größtenteils Männer, die sich jedoch mit Vorliebe weiblichen Märchengestalten zuwenden. Hier zur Veranschaulichung die Interpretation der Vergiftungsepisode im Schneewittchen-Märchen (s. Text 13) aus Sicht einer Jung-Anhängerin[52]: »Diese Vergiftung geschieht mit Gegenständen weltlicher Eitelkeit und Putzsucht und hierin, besonders aber in dem Umstand, daß sich Sneewittchen davon verlocken läßt, liegt der Beweis ihrer Zusammengehörigkeit mit der eitlen Stiefmutter. Es ist ihre eigene weltlich-ehrgeizige Schattenseite, von der sie eingeschnürt (zum Erstikken gebracht) wird und die ihre Gedanken (durch den Kamm in den Haaren) vergiftet, anders ausgedrückt: ihre Einstellung verfälscht. Dies ist ein Mord an der wahren Persönlichkeit.«

Das Unbehagen der Märchenforschung[53] an den analytischen Deutungen rührt zum einen daraus, daß oft Einzelvarianten unter Außerachtlassung des Gesamtzusammenhangs der Überlieferung und kulturhistorischer Gegebenheiten untersucht werden, und zum anderen aus der Überstrapazierung der Märchen durch bis in die kleinsten Detailverästelungen gehende Analysen. Durch zu eindeutige Symbolzuweisungen wird der Willkürlichkeit Tür und Tor geöffnet, denn jede Idee und jeder Sachverhalt kann in unterschiedlichen Symbolen Ausdruck finden, andererseits erlaubt jedes Symbol eine Vielfalt verschiedener Assoziationen, und außerdem werden Symbole zu verschiedenen Zeiten unterschiedlich verstanden. Indiz dafür ist die Widersprüchlichkeit der Deutungen. Doch arbeiten die vielen psychologischen Schulen sehr unterschiedlich. Zum Beispiel beschränkt sich bei der therapeutischen Anwendung von Märchen im Rahmen der psychologischen Gesprächsführung nach der Methode von Carl R. Rogers[54] der Psychologe darauf, die Auswahl des Märchens als Gesprächsthema zu treffen, und überläßt die Interpretation nach Möglichkeit dem Klienten.

Die Psychologie ist ja vorrangig nicht an einer Erhellung des Märchensinns interessiert, sondern umgekehrt benutzt sie eher das Märchen zur Erhellung menschlicher Probleme. So sieht Verena Kast[55], die anhand von Märchen Beziehungsprobleme zwischen Frau und Mann veranschaulichen möchte, die Geschichte vom Fischer und seiner Frau, die üblicherweise als Negativbeispiel weiblicher Maßlosigkeit gilt, unter dem Aspekt verhängnisvoller Verhaltensmechanismen: Die Unersättlichkeit der Frau, der auch etwas Emanzipatorisches anhaftet, ist eine Reaktion auf ihre unglückliche, beengte Lebenssituation und die resignative Einstellung ihres Mannes; dem Mann ist der plötzliche Aufstieg unheimlich, er weiß jedoch ihren exzessiven Wünschen keinen Widerstand entgegenzusetzen, hinter ihrem Rücken beklagt er sich allerdings über sie und kann ihr dann alle Schuld am unglückseligen Verlauf der Dinge in die Schuhe schieben. In Kasts Interpretation ist die in ihren Ansprüchen unersättliche Person weder weiblich noch männlich festgelegt, die Geschlechter sind austauschbar, was durch Varianten, in denen der Mann der ›Karrieresüchtige‹ ist, bestätigt wird.

Bruno Bettelheim benutzt die Märchen in seiner Arbeit mit Kindern und Jugendlichen. Er beobachtet, daß Märchen mit ihrer Bildersprache und mit ihren alle Gefährdungen glorreich überwindenden Heldinnen und Helden Kindern bei der Bewältigung von Ängsten helfen. In den Tierbräutigam-Märchen (s. Texte 4, 10) sieht er die weibliche Entwicklung von einer »primitiven, selbstsüchtig-aggressiven Sexualität« zur freiwilligen Liebesbeziehung, so auch in Madame Leprince de Beaumonts Feenmärchen *La Belle et la Bête* (1757)[56]: »In ihrem Konflikt zwischen der Liebe zu ihrem Vater und den Bedürfnissen des Tieres verläßt die Schöne das Tier, um ihren Vater zu versorgen. Aber da merkt sie plötzlich, wie sehr sie das Tier liebt, ein Symbol dafür, daß sich ihre Vaterbindung lockert und daß sie ihre Liebe auf das Tier überträgt. Erst als sie sich dafür entscheidet, das Vaterhaus wieder zu verlassen, um sich mit dem Tier zu vereinigen – d. h., nachdem sie die ödipale Bindung an den Vater gelöst hat, wird die Sexualität, die ihr zunächst abstoßend erschien, für sie schön.«

Werden hier durch Märchen und Märcheninterpretationen Weiblichkeitsstereotypen konserviert? Sind psychische Konflikte nicht ebenso Produkte der jeweiligen gesellschaftlichen Verhältnisse, wie es die Märchen sind? Können Aussagen über alle Zeiten hinweg verallgemeinert werden? Der US-Wissenschaftler Jack Zipes hält der Bettelheimschen Interpretation entgegen, daß sie den historischen Kontext außer acht läßt, den sich verändernden sexuellen Normen keine Rechnung trägt, und sieht in *La Belle et la Bête* eine zur Domestizierung von Frauen fabrizierte Geschichte. Die größte Nachwirkung hatte die Fassung von Madame Leprince de Beaumont, auf die auch unser Text 4 zurückzuführen ist. Sie lebte lange Jahre als Erzieherin höherer Töchter in London und wollte mit ihren Feenmärchen die Leserinnen zur Kultivierung weiblicher Tugenden wie Untertänigkeit, Gehorsam, Fleiß und Geduld anhalten. Zipes interpretiert das Märchen als Lehrstück[57]: »Indem [die Heldin] sich selbst verleugnete, konnte sie das erhalten, was die meisten Frauen angeblich wollten und wollen – die Ehe mit männlicher Vorherrschaft oder Erhabenheit.« Daß der künftige Gatte im Zeitalter der Heiratsarrangements meist nicht der Wunschprinz junger Mädchen war, daß sie sich vielleicht mit einem alten, häßlichen Mann abfinden mußten, auch das mochte ein

Märchen wie *La Belle et la Bête* künftigen Ehekandidatinnen nahe-bringen wollen.

Ebenso entschieden bezweifeln Feministinnen[58], daß Märchen ange-borene Verhaltensmuster abbilden. Sie untersuchen, ob Märchen patriarchalische Normen und Werte verfestigen: Erwecken sie fal-sche Träume (die Liebe währt ewig, Reichtum und Glück gehören zusammen), bieten sie fatale Identifikationsmöglichkeiten (glücklich werden die Braven, Sanften, Hilflosen, die ihr Schicksal ertragen), verleiten sie zur Passivität (ein Prinz wird kommen, frau muß nur schön sein und warten)? Die Forschungen stehen noch am Anfang. Für die USA stellt die Folkloristin Kay Stone bei Frauen einen Einfluß von Märchen fest, der weit über die Kindheit hinausreicht.[59] In der Figur des Aschenputtel verkörpern sich ohnehin weitverbrei-tete Vorstellungen von der idealen Frau. Aber was empfinden Frauen, die keinen Aschenputtel-Aufstieg erleben, wie entziehen sich Frauen, die nicht so schön, geduldig und abhängig wie Aschen-puttel sein können oder wollen, dieser Vorbildrolle? Gegen Bettel-heim wendet Kay Stone ein, Märchen mit passiven Heldinnen seien für Frauen nicht problemlösend, sondern problemschaffend. Es ist erstaunlich und nicht nur für die spezielle Rezeption der Grimm-Märchen in den USA[60] charakteristisch, daß eine kleine Auslese von Märchen wieder und wieder verbreitet wird – schließlich umfaßt schon die Grimm-Sammlung immerhin 200 Stück. Wie sehr prägt die stets gleiche Auswahl bestimmter Märchen unsere Anschauun-gen über diese Kunstform? Und von wem wird ausgewählt und warum? Inwieweit verfälschen immer kindlicher und oft auch senti-mentaler aufbereitete Erzählungen das Bild von der Frau im Mär-chen? Viele Fragen sind noch offen.

VI.

»Ob es nun so war oder nicht«, beginnen oft russische Märchen; »Sie sind jene und wir sind diese. Sie sind dort und wir sind hier«, schließt unser Roma-Märchen. Märchenwelt und Wirklichkeit ... Ein wenig wollten wir hinter die Kulissen schauen, am Prozeß der Märchenwerdung teilnehmen, auf Frauen in und außerhalb des

Märchens aufmerksam machen und auch einige Deutungsmuster vorführen. Doch nicht zuletzt hoffen wir, daß das Buch mit seinen Frauengeschichten so aufgenommen wird, wie die Erzählerinnen und Erzähler, die übrigens bei den vielen Deutungen gar nicht um ihre Meinung gefragt wurden, es sich von ihren Zuhörern wünschten: daß sie gefangengenommen werden vom Märchengeschehen.

Anmerkungen

1. *Moser-Rath, Elfriede:* Frau. In: EM 5 (1987) 100–137.
2. *Sirovátka, Oldřich:* Tschechische Volksmärchen. Düsseldorf/Köln 1969, Nr. 9.
3. *Meraklis, Michael:* Basilikummädchen. In: EM 1 (1977) 1308–1311.
4. Von einer Einheit des europäischen Märchens gehen die meisten vergleichenden Untersuchungen aus, vgl. *Lüthi, Max:* Märchen. Stuttgart 1979 (7. Auflage, Erstauflage 1962).
5. *Adrianova-Peretc, V.P./Pokrovskaja, V.F.:* Bibliografija istorii drevnerusskoj literatury. Drevne-russkaja povest' 1. Moskau/Leningrad 1940 (Nachdruck Düsseldorf/The Hagne 1968), 113–118.
6. *Köhler, Ines:* Der neubulgarische Alexanderroman. Untersuchungen zur Textgeschichte und Verbreitung. Amsterdam 1973.
7. *Ranke, Kurt:* Grenzsituationen des volkstümlichen Erzählgutes (1963). In: ders.: Die Welt der Einfachen Formen. Studien zur Motiv-, Wort- und Quellenkunde. Berlin/New York 1978, 92–100; vgl. auch *Horálek, Karel:* Kleine Beiträge zur balkanischen Märchenkunde. In: Zeitschrift für Balkanologie 3 (1965) 106–125; *Jech, Jaromír:* Tschechische Volksmärchen. Berlin 1984 (2. Auflage), 453; *Löwis of Menar, August von:* Der Held im deutschen und russischen Märchen. Jena 1912.
8. *Asadowskij, Mark:* Eine sibirische Märchenerzählerin (Folklore Fellows Communications, Band 68). Helsinki 1926.
9. *Jech, Jaromír:* Lidová vypravěni z Kladska. Prag 1959; *Dégh, Linda:* Märchen, Erzähler und Erzählgemeinschaft. Dargestellt an der ungarischen Volksüberlieferung. Berlin 1962, 167.
10. z. B. *Fabre, Daniel/Lacroix, Jacques:* La tradition orale du conte occitan. Les Pyrénées Audoises, Band 1. Paris 1974, 61–64.
11. *Holbek, Bengt:* Interpretation of Fairy Tales. Danish Folklore in a European Perspective (Folklore Fellows Communications, Band 239). Helsinki 1987, 154–157. Hervorzuheben ist die sozialhistorische und psychologische Aspekte einbeziehende Interpretationsmethode Holbeks, bei der unter den acht als Ausgangspunkt von Märchendeutungen in Frage kommenden Personengruppen (vgl. ebd., 191) die Erzählerpersönlichkeiten im Mittelpunkt stehen.
12. *Neumann, Siegfried:* Mecklenburgische Volksmärchen. Berlin 1973

(2. Auflage), 27–30; vgl. auch *Dégh, Linda:* Erzählen, Erzähler. In: EM 4 (1984) 315–342, hier 332–334.

13. *Gonzenbach, Laura:* Sicilianische Märchen. Aus dem Volksmund gesammelt, 2 Bände. Leipzig 1870 (Nachdruck Hildesheim/New York 1976); *Schenda, Rudolf:* Laura Gonzenbach und die Sicilianischen Märchen. In: Fabula 20 (1979) 205–216; ders./*Schenda, Susanne:* La donna e il concetto di lavoro nei racconti popolari siciliani della Gonzenbach e del Pitrè. In: La cultura materiale in Sicilia. Palermo 1980, 457–464.

14. *Pitrè, Giuseppe:* Fiabe, novelle e racconti popolari siciliani, 4 Bände. Palermo 1870–1913, hier Band 1, XVI–XXI.

15. *Moser-Rath, Elfriede:* Ammenmärchen. In: EM 1 (1977) 463 f.

16. *Dégh, Linda:* Biologie des Erzählguts. In: EM 2 (1979) 386–406, hier 389 f.

17. Dies. (wie Anm. 12) 334 f.

18. *Luzel, François-Marie:* Contes populaires de Basse-Bretagne, Band 1. Paris 1887, X f.

19. Großmutter – Mutter – Tochter bei Bertha Peters-Kortüm, s. *Neumann, Siegfried:* Eine mecklenburgische Märchenfrau. Berlin ²1976, 21 f.; Großmutter – Vater – Tochter bei Trude Janz, s. *Tolksdorf, Ulrich:* Eine ostpreußische Märchenerzählerin. Geschichten – Geschichte – Lebensgeschichte. Marburg 1980, 28 f.; Vater – Bruder – Schwester bei Zsuzsánna Palkó, s. *Dégh* (wie Anm. 9) 191–193; s. auch *Holbek* (wie Anm. 11) 170–179.

20. *Ranke, Kurt:* Schleswig-holsteinische Volksmärchen (ATh 403–665 [= Band 2]). Kiel 1958, 6.

21. *Dégh, Linda:* Frauenmärchen. In: EM 5 (1987) 211–220, hier 218.

22. *Holbek* (wie Anm. 11) 161–169.

23. *Neumann* (wie Anm. 12) 31.

24. Ders. (wie Anm. 19) 41–44.

25. Ebd., 44.

26. So gibt es spezielle Vereinigungen, wie die »Europäische Märchengesellschaft«, die sich der Märchenpflege widmen.

27. *Brüder Grimm:* Kinder- und Hausmärchen. Ausgabe letzter Hand, hrsg. von *Heinz Rölleke,* Band 1. Stuttgart 1980, 21.

28. Kinder- und Hausmärchen. Gesammelt durch die *Brüder Grimm.* Vergrößerter Nachdruck der zweibändigen Erstausgabe von 1812 und 1815 [. . .], hrsg. von *Heinz Rölleke,* Band 1. Göttingen 1986, Nr. 14.

29. *Brüder Grimm:* Kinder- und Hausmärchen. Nach der zweiten vermehrten und verbesserten Auflage von 1819 [. . .], hrsg. von *Heinz Rölleke,* Band 2. Köln 1986 (3. Auflage, Erstauflage 1982), 547 f.

30. *Bastian, Ulrike:* Die »Kinder- und Hausmärchen« der Brüder Grimm in der literaturpädagogischen Diskussion des 19. und 20. Jahrhunderts. Frankfurt am Main 1981; *Bottigheimer, Ruth B.* (Hrsg.): Grimms' Bad Girls and Bold Boys. The Moral and Social Vision of the Tales. New Haven/London 1987; vgl. *Rölleke, Heinz:* Die Frau in den Märchen der Brüder Grimm. In: Die Frau im Märchen, hrsg. von *Sigrid Früh/Rainer Wehse.* Kassel 1985, 72—88.

31. *Schenda, Rudolf:* Märchen erzählen — Märchen verbreiten. Wandel in den Mitteilungsformen einer populären Gattung. In: Über Märchen für Kinder von heute, hrsg. von *Klaus Doderer.* Weinheim/Basel 1983, 25—43, hier 35.

32. *Dollerup, Cay/Holbek, Bengt/Reventlow, Iven/Rosenberg Hansen, Carsten:* The Ontological Status, the Formative Elements, the »Filters« and Existences of Folktales. In: Fabula 25 (1984) 241—265.

33. Vgl. *Holbek* (wie Anm. 11) 187—448; *Röhrich, Lutz:* Rumpelstilzchen. Vom Methodenpluralismus in der Erzählforschung. In: Festschrift für Robert Wildhaber. Basel 1973 (= Schweizerisches Archiv für Volkskunde 68/69,) 567—596; ders.: Zur Deutung und Be-Deutung von Folklore-Texten. In: Fabula 26 (1985) 3—28; *Karlinger, Felix* (Hrsg.): Wege der Märchenforschung. Darmstadt 1973; *Laiblin, Wilhelm* (Hrsg.): Märchenforschung und Tiefenpsychologie. Darmstadt 1969; *Brackert, Helmut* (Hrsg.): Und wenn sie nicht gestorben sind … Perspektiven auf das Märchen. Frankfurt am Main 1980; *Doderer* (wie Anm. 31); *Früh/Wehse* (wie Anm. 30).

34. *Grimm* (wie Anm. 27) Band 3, 409.

35. *Siecke, Ernst:* Indogermanische Mythologie. Berlin 1921, 66.

36. *Husson, Hyacinthe:* La chaîne traditionnelle; contes et légendes au point de vue mythique. Paris 1874, 9; *Lefèvre, André* (Hrsg.): Les contes de Perrault. Paris 1875, LXV.

37. *Linnig, Franz:* Deutsche Mythen-Märchen. Beitrag zur Erklärung der Grimmschen Kinder- und Hausmärchen. Paderborn 1883, 184 f.; vgl. *Ploix, Charles:* Le surnaturel dans les contes populaires. Paris 1891, 203.

38. *Dillaye, Frédéric* (Hrsg.): Les contes de Perrault d'après les textes originaux [. . .]. Paris 1880, 217.

39. *Saintyves, P[ierre]:* Les contes de Perrault et les récits parallèles. Leurs origines (coutumes primitives et liturgies populaires). Paris 1923, 215—229; vgl. allgemein *Röhrich, Lutz:* Brauch. In: EM 2 (1979) 688—700.

40. *Girardot, N.J.:* Initiation and Meaning in the Tale of Snow White and the Seven Dwarfs. In: Journal of American Folklore 90 (1977) 274—300.

41. *Peuckert, Will-Erich:* Deutsches Volkstum in Märchen und Sage, Schwank und Rätsel. Berlin 1938, 19 f.; vgl. *Winterstein, Alfred:* Die Pubertätsriten der Mädchen und ihre Spuren im Märchen (1928). In: *Laiblin* (wie Anm. 33) 56–70.

42. Vgl. *Heinrichs, Hans-Jürgen* (Hrsg.): Das Mutterrecht von Johann Jakob Bachofen in der Diskussion. Frankfurt am Main 1987.

43. *Brednich, Rolf Wilh.:* Volkserzählungen und Volksglaube von den Schicksalsfrauen (Folklore Fellows Communications, Band 193). Helsinki 1964.

44. *Göttner-Abendroth, Heide:* Die Göttin und ihr Heros. Die matriarchalen Religionen in Mythos, Märchen und Dichtung. München 1980, bes. 133–171; *Burkhart, Dagmar:* Aspekte des Weiblichen im bulgarischen Tier- und Zaubermärchen. In: Fabula 23 (1982) 207–220.

45. Vgl. *Wolfersdorf, Peter:* Die Suche nach dem »Matriarchat« im Märchen. In: *Früh/Wehse* (wie Anm. 30) 153–164, bes. 156, 158–162.

46. *Burkhart* (wie Anm. 44) 218.

47. *Propp, Vladimir:* Die historischen Wurzeln des Zaubermärchens. Wien 1987 (russische Originalausgabe Leningrad 1946), 423–426.

48. *Bausinger, Hermann:* »Historisierende« Tendenzen im deutschen Märchen seit der Romantik. Requisitverschiebung und Requisiterstarrung. In: Wirkendes Wort 10 (1960) 279–286.

49. *Shojaei Kawan, Christine:* Gang zum Eisenhammer (Kalkofen) (AaTh 910 K). In: EM 5 (1987) 662–671, hier 664.

50. z. B. *Freud, Sigmund:* Märchenstoffe in Träumen (1913). In: Gesammelte Werke, hrsg. von *Anna Freud* u. a., Band 10. London 1949, 1–9, Zitat 9.

51. *Grant Duff, J. F.:* Schneewittchen. Versuch einer psychoanalytischen Deutung (1934). In: *Laiblin* (wie Anm. 33) 88–99, hier 98.

52. *von Beit, Hedwig:* Symbolik des Märchens. Versuch einer Deutung. Bern/München 1981 (6. Auflage, Erstausgabe 1952), 708 f.

53. *Bausinger, Hermann:* Aschenputtel. Zum Problem der Märchensymbolik (1955). In: *Laiblin* (wie Anm. 33) 284–298; *Röhrich, Lutz:* Die Deutung von Volksmärchen (1956). Ebd., 375–378; *Lüthi, Max:* Besprechung des Märchenwerks von Hedwig von Beit (1959). Ebd., 391–403; *Bausinger, Hermann:* Anmerkungen zu Schneewittchen. In: Brackert (wie Anm. 33) 39–70; *Holbek* (wie Anm. 11) 259–322; *Lüthi* (wie Anm. 4) 106–116.

54. *Rogers, Carl R.:* Client-centered Therapy. Boston 1951.

55. *Kast, Verena:* Mann und Frau im Märchen. Eine psychologische Deutung. Olten/Freiburg im Breisgau 1986 (6. Auflage, Erstausgabe 1983), 12–35.

56. *Bettelheim, Bruno:* Kinder brauchen Märchen. Stuttgart 1977 (amerikanische Originalausgabe New York 1976), 290–296, Zitate 295, 294.
57. *Zipes, Jack:* Klassische Märchen im Zivilisationsprozeß. Die Schattenseite von »La Belle et la Bête«. In: *Doderer* (wie Anm. 31) 57–77, Zitat 75.
58. Vgl. *Würzbach, Natascha:* Feministische Forschung in Literaturwissenschaft und Volkskunde. Neue Fragestellungen und Probleme der Theoriebildung. In: *Früh/Wehse* (wie Anm. 30) 192–214; *Dowling, Colette:* Der Cinderella-Komplex. Die heimliche Angst der Frauen vor der Unabhängigkeit. Frankfurt am Main 1982 (amerikanische Originalausgabe New York 1981); *Zipes, Jack:* Der Prinz wird nicht kommen. Feministische Märchen und Kulturkritik in den USA und in England. In: *Früh/Wehse* (wie Anm. 30) 174–192; *Müller, Elisabeth:* Das Bild der Frau im Märchen. Analysen und erzieherische Betrachtungen. München 1986.
59. *Stone, Kay F.:* Things Walt Disney Never Told Us. In: Journal of American Folklore 88 (1975) 42–50; dies.: Mißbrauchte Verzauberung. Aschenputtel als Weiblichkeitsideal in Nordamerika. In: *Doderer* (wie Anm. 31) 78–93; dies.: »Macht mit mir, was ihr wollt«. Frauen und Erzählen heute. In: *Früh/Wehse* (wie Anm. 30) 164–173.
60. *Dégh, Linda:* Zur Rezeption der Grimmschen Märchen in den USA. In: *Doderer* (wie Anm. 31) 116–128.

1

Schlauöhrchen

Es waren einmal Grafentöchter. Drei waren es. Und die Leute waren bettelarm, und da berieten einmal ihre Mutter und der Vater, was sie mit den Mädchen machen sollten. Und er sagt: »Weißt du was, Frau, ich bringe sie morgen zum Erdbeerensammeln, und ich nehme eine Keule mit und werde sagen, daß ich im Walde Holz machen will.«

Nun, und die eine, Schlauöhrchen nannten sie sie, die hatte ein Knäuel Garn gesponnen, das band sie an den Türriegel, und das Garnknäuel reichte auch bis dorthin, wohin der Vater sie zum Beerensammeln brachte.

Der Abend kam, sie hörten die Keule noch immer anschlagen, wenn der Wind sie hin- und herbewegte, aber der Vater kam sie nicht abholen. Da sagte das schlaue Mädchen:

»Vielleicht war das gar nicht der Vater. Vielleicht hat er nur die Keule an einen Baum gebunden, damit wir nichts merken. Gehen wir dem Garnfaden nach, den ich angebunden habe, dann kommen wir nach Hause.«

So gelangten sie glücklich nach Hause, an dieser Schnur. Und als sie heimkamen, da sahen sie den Vater, es mußte also ein Schwindel gewesen sein, wenn er schon zu Hause war.

»Seht Ihr, Väterchen, Ihr seid schon eher zu Hause als wir, und wir haben trotzdem heimgefunden.«

Nun, am folgenden Tag berieten sich die Eltern wieder, wohin der Vater sie bringen sollte, damit sie nicht nach Hause fanden.

Am nächsten Tag steckte sich das schlaue Mädchen Erbsen in die Tasche, und der Vater ging voran, und die Schlaue hinterdrein und streute die Erbsen aus. Aber diesmal konnten sie den Weg nicht wieder finden, denn die Vögel hatten die Erbsen aufgepickt. Die Mädchen fanden also nicht nach Hause.

Jetzt irrten die guten Mädchen herum. Da sagten sie zu der Jüngsten:

»Du, wir bitten dich, klettere auf den höchsten Baum, und wirf einen Schuh auf die Seite, wo das nächste Licht scheint.«

Nun gingen sie dorthin, wo das nächste Licht zu sehen war. Ja, und das schlaue Mädchen sagte:

»Meine lieben Schwestern, das ist ein Schloß, das Licht dort, und ganz hübsch weit ist es bis zu dem Licht.«

Als sie zu dem Schloß kamen, da erschien ein altes häßliches Weib und machte ihnen auf, das war die Frau eines Menschenfressers, fünfzehn Finger hatte sie an einer Hand.

»Was habt ihr euch denn gedacht, Mädchen, hierherzukommen? Hier wohnt ein Menschenfresser, der wird euch verschlingen!«

Aber sie baten so sehr, sie möchte sie doch retten. Da schloß die Frau des Menschenfressers sie in einen Kleiderschrank ein.

Und am Morgen stand der Menschenfresser auf, und da sagte er:

»Du, ich rieche hier Menschenfleisch. Wenn du es mir nicht zeigst, mache ich aus deinem Kopf eine Erdkugel.«

Da öffnete sie den Kleiderschrank, und er sagt:

»Wer seid ihr denn, Mädchen?«

»Wir sind Grafentöchter. Unser Vermögen haben wir verloren, und der Vater hat uns in den Wald gebracht, und dort haben wir uns verirrt und sind zu diesem Schloß hier gekommen.«

Aber nun gefielen sie ihm sehr, und er sagte zu ihnen:

»Es wäre doch schade um euch, Kinder, schade, euch umzubringen. Ihr seid so hübsch. Aber könnt ihr denn auch etwas?«

Sie sagten, daß sie alles können, auch wenn sie Grafentöchter sind, sie könnten waschen und kochen, und sie würden alles machen und gehorsam sein.

Da sagt er, der Herr:

»Na, Mädchen, dann geht jetzt eine von euch Fleisch holen, die zweite geht Mehl holen, und die dritte soll Feuer anmachen«, und sie sollten etwas Gutes kochen.

Der Herr ging auf die Jagd. Und die Frau nun, die war schrecklich zerzaust und häßlich, die Frau des Menschenfressers. Die Mädchen seien doch adlige Fräulein, sie wollte also, daß sie sie auch so schön kämmen, wie sie selber es sind. Jetzt setzte sie sich auf ein Schemelchen, zwei kämmten sie, und die dritte nahm eine Axt und erschlug die Frau des Menschenfressers.

Und wie sie sie erschlagen hatten, da war dort so ein ungeheuer hoher Felsen und ein Loch darin und ein riesengroßer Stein. Den Stein wälzten sie beiseite, dann warfen sie die Alte in das Loch und deckten sie mit dem Stein zu.

Jetzt kam der Herr.

»Na, habt ihr etwas zum Essen hergerichtet?«

Und die Schlaue sagte:

»Ich habe schon nachgesehen, es wird wohl noch nicht fertig sein, geht doch selbst nachsehen, ob das Fleisch schon gar ist.«

Da ging er hin und probierte, und jetzt trat das Schlauöhrchen hinzu und stieß den lieben Menschenfresser in das Feuer hinein.

Als der Herr verbrannt war, zogen sie ihn heraus und warfen ihn der Hausherrin hinterher in die Grube. Nun waren sie beide dort begraben.

Jetzt waren dort aber viele Schränke, und die guten Mädchen freuten sich darüber. Schlauöhrchen fegte aus, da fand sie ein Bund Schlüssel. Die Mädchen öffneten alle Schränke, und darin waren lauter Grafenkleider und silberne Schühchen. Und sie putzten sich prächtig heraus.

Eines Tages hörten sie, daß getrommelt und etwas ausgerufen wurde: Ein Ball sollte stattfinden. Jetzt sagten die beiden Älteren, sie wollten auf den Ball gehen. Und zu der Schlauesten sprach die Älteste:

»Du fege hier aus und halte Wache!«

Da fiel der doch ein zu sagen:

»Da pfeif' ich euch was, ich und zu Hause bleiben!«

Nun öffnete sie noch einen Schrank, und dort drinnen waren die allerschönsten Kleider, die zog sie an und folgte den beiden auf den Ball.

Als sie auf den Ball kam, forderte der Grafensohn ausgerechnet sie zum Tanz. Die beiden Älteren erkannten sie nicht. Wie gut ihr die Kleider standen! Doch nach einer Weile widerfuhr ihr das Mißgeschick, daß sie einen Schuh verlor. Ohne Schuh machte es ihr keinen Spaß mehr, also ging sie nach Hause.

Als sie nach Hause kam, war es bald heller Tag. Da kamen ihre Schwestern vom Ball und erzählten sich:

»Aber — hm, hm! — was mag das für eine gewesen sein, die wird ihr

39

Glück machen! Mit dem Grafensohn hat sie getanzt und einen Schuh verloren. Und jetzt wird verkündet, daß alle Mädchen sich einfinden sollen, daß es noch einen Ball geben wird.«

Und dem Grafensohn, dem gefiel das schlaue Mädchen sehr. Wenn sie nur wieder käme! Seine Gräfin sollte sie sein.

Und die Schwestern sagten sich: Hm, hm, die wird ihr Glück machen.

Und sie wiederum sagte sich: Ja, ja, ich bin das, ich bin es, ich!

Nun kam der zweite Ball, alle Mädchen, die da waren, sollten sich also einfinden. Als die Schwestern dorthin gingen, da hieß es wieder:

»Bleib du nur zu Hause, halte du Wache, und wir werden hingehen.«

Da sagte Schlauöhrchen:

»Jaja, geht ihr nur, ich bin es, ich bin es, die das Schühchen verloren hat.«

Der Grafensohn ging den Mädchen entgegen, wenn sie ankamen, und er probierte jedem das Schühchen an, doch keiner paßte es.

Da sagte er:

»Das ist die meine noch nicht.«

Nun klopft doch nach einer Weile jemand an das Fenster, und da war es schon das Schlauöhrchen.

Der Grafensohn ging auch ihr entgegen, und als er ihr das Schühchen anprobierte, paßte es ihr genau. Nun waren da auch seine Eltern, die gräflichen Herrschaften, und die fragten das Mädchen, aus welchem Geschlecht sie denn ist, und sie erzählte, aus gräflichem Geschlecht sei sie und daß ihre Eltern alles verloren hätten, und selber hätten sie sich im Walde verirrt, so daß sie zu dem gräflichen Schloß gekommen waren.

»Und in dem Schloß hatten sich ein Menschenfresser und die Frau des Menschenfressers niedergelassen, und wir hatten uns verirrt, und so sind wir zu dem Schloß gekommen.«

Da fragt die Frau Gräfin sie, ob ihr denn ihr Sohn gefällt, der absichtlich ihren Schuh versteckt hat. Und sie war sehr froh, denn sie war ja so arm. Aber ihre Schwestern seien auch hier, und die haben sie nicht erkannt. Und dann fragte sie, ob sie ihr auch nicht übelnehmen, daß ihre Eltern das ganze Vermögen verloren hätten.

Da sprach die Mutter des Prinzen:

»Mach dir nichts draus, unser Jaroslav braucht nichts außer einem hübschen Mädchen.«

Und dann nahmen sie es mit sich nach Hause, das Schlauöhrchen. Bald darauf fand die Hochzeit statt. Da weinten die beiden anderen und gingen zurück in das Schloß. Als sie aber zu dem Schloß kamen, wurde ihnen nicht geöffnet, da hatten sich nämlich fünfundsiebzig Räuber eingenistet.

Da gingen die beiden Mädchen wieder in den Wald. Und wie sie durch den Wald irrten, weinten sie und jammerten vor Hunger. Ein weites Stück Weg gingen sie und waren so hungrig, und da gerieten sie an ein Pfefferkuchenhäuschen. Und dort brachen sie ein Stück vom Dach ab, und eine alte Frau kam heraus:

»Ach Mütterchen, wir haben so schrecklichen Hunger, und vor Hunger brachen wir von dem Dach etwas ab.«

Ja, sie sollten doch in ihre Stube hereinkommen, sagt die Alte von dem Pfefferkuchenhäuschen.

Und jetzt spricht ihr Mann:

»Wer seid ihr denn?«

»Wir sind Grafentöchter, unsere Schwester hat sich verheiratet, und wir beide haben uns verirrt, so sind wir zu Eurem Pfefferkuchenhäuschen gekommen.«

Nun baten die beiden Schwestern, sie möchten ihnen doch etwas zu essen geben. Und als alle sich satt gegessen hatten, fragten die Leute sie, ob sie nicht bei ihnen bleiben wollten. Und die beiden sagten, sie hätten ja nichts Besseres und ob sie denn so freundlich wären, sie aufzunehmen. Und die Leute behielten sie bei sich.

Jetzt ist das Märchen aus.

Tschechische Volksmärchen. Herausgegeben von *Jaromír Jech*. Akademie-Verlag, Berlin (1961) ²1984, Nr. 18, S. 67—70.

Kommentar

In der tschechischen Erzählung vom Schlauöhrchen sind zwei bekannte Märchen, die in unserer Vorstellung nicht das geringste miteinander zu tun haben, bruchlos zusammengefügt: *Hänsel und Gretel* (AaTh 327 A, KHM 15) und *Aschenputtel* (AaTh 510 A, KHM 21). Solche Verbindungen oder Mischformen sind in der Märchenüberlieferung nichts Ungewöhnliches. Schon bei *Aschenputtel* — einem der beliebtesten Märchen überhaupt, das in fast ganz Europa und in Teilen Asiens und Amerikas verbreitet ist* — liegen die Dinge etwas komplizierter: Zusammen mit verwandten Geschichten wie *Allerleirauh* (AaTh 510 B, KHM 65) und *Einäuglein, Zweiäuglein und Dreiäuglein* (AaTh 511, KHM 130) bildet es den sogenannten *Cinderella*-Zyklus. Das früheste eigentliche *Aschenputtel*-Märchen findet sich im *Pentamerone* des Basile (1,6: *La gatta cennerentola),* und dieses berühmte Märchenbuch enthält übrigens auch eine Aussetzungsgeschichte (5,8: *Nennillo e Nennella),* die als Vorstufe von *Hänsel und Gretel* angesehen werden kann. Aber schon über 70 Jahre früher, um 1560, ist im sogenannten *Erdkühlein*-Märchen des Straßburgers Martin Montanus die Aussetzung eines Mädchens im Wald mit einer Erzählung vom *Cinderella*-Typ (nämlich *Einäuglein, Zweiäuglein und Dreiäuglein)* verknüpft. Hatte diese Art der Verbindung Tradition? Madame d'Aulnoy, eine der prominentesten Vertreterinnen der französischen Feenmärchen-Mode um die Wende des 17. Jahrhunderts, wird Montanus kaum gekannt haben, als sie die Erzählung *Finette Cendron (Cabinet des fées,* Bd. 2, 484—517) schrieb. Verschiedene Märchen Madame d'Aulnoys sind durch die von Hausierern und Jahrmarktshändlern vertriebene Kolportageliteratur in und außerhalb Frankreichs popularisiert worden, und so fand *Finette Cendron* durch eine Reihe tschechischer Fassungen, die in Volksbüchlein verbreitet wurden, Eingang in die tschechische und slowakische Volksüberlieferung. Abgesehen von der Schlußepisode mit dem Pfefferkuchenhäuschen, das sich wohl aus der Grimmschen *Hänsel und Gretel*-Tradition eingeschlichen hat, folgt das hier wiedergegebene Märchen im wesentlichen der Handlung von Madame d'Aulnoys *Finette Cendron.* Trotz dieser Abhängigkeit lassen sich beim Textvergleich bezeich-

---

* Aussagen zur Verbreitung können nur Tendenzen aufzeigen, auf parallele Erscheinungen in anderen Ländern aufmerksam machen und bei Vergleichen hilfreich sein. In verschiedenen Regionen wurde unterschiedlich intensiv gesammelt, und auch das in die Archive eingegangene Material ist nicht überall systematisch ausgewertet worden.

nende Unterschiede zwischen der literarischen und der mündlichen Version beobachten, von denen nur einige herausgegriffen seien:

Madame d'Aulnoys kluges Kind Finette (eine Abkürzung für Fine-Oreille, also Scharfohr) nimmt zu Beginn der Geschichte den Rat einer Fee in Anspruch, Schlauöhrchen hat dies von Anfang an nicht nötig. Auch hat Finette für den Totschlag gewichtigere Gründe als Schlauöhrchen: Die gräßlichen Menschenfresser haben den größten Appetit, die drei Mädchen zu verspeisen — es liegt eindeutig ein Fall von Notwehr vor. Im tschechischen Märchen dagegen lassen sich die Menschenfresser durch die hübschen Mädchen freundlich stimmen, dennoch werden sie heimtückisch ermordet. Aber die moralisch verwerfliche Tat entspricht einer übergeordneten Märchenmoral: Die Inkarnation des Bösen muß vernichtet, alles, was dem Glück der Heldin entgegensteht, muß beseitigt werden.

Wahre Ausgeburten an Bosheit sind Finettes Schwestern, die auf die blumigen Namen Fleur d'Amour und Belle-de-Nuit hören: Sie verprügeln die Kleine, die sie doch des öfteren aus Lebensgefahr gerettet hat, stehlen ihr die schönen Kleider, die ihr die Fee schenkte, und halten sie in einem trostlosen Aschenputteldasein gefangen, und die in ausweglosen Situationen nie um einen Rat verlegene Finette läßt sich das alles gefallen. Zu guter Letzt, als sie den Prinzen heiratet, beschämt sie ihre Schwestern durch Großherzigkeit, und damit die moralische Lektion auch wirklich sitzt, wird sie von Madame d'Aulnoy noch mit einem Schlußvers untermauert. Im tschechischen Märchen dagegen sind die Schwestern egoistisch, herzlos, aber durchaus keine Monster; sie allerdings bekommen ihre Strafe, von Schlauöhrchens Glück dürfen sie nicht profitieren: Madame d'Aulnoys Märchen hat überlebt, nicht die eingeflochtenen Erziehungslehren.

Die Geschichte von Schlauöhrchen zeichnete Václav Popelka 1914 in seiner Heimat, der Umgebung von Polička in Ostböhmen, von der Erzählerin Hana Zrůstová auf. Popelka hinterließ eine handschriftliche Sammlung von 57 Texten, in denen die lokale Mundart bewahrt ist. Seine Schwester Anna Popelková, verheiratete Krystinová, gilt als erste unter den tschechischen Sammlern, die das Repertoire *eines* Erzählers aufnahm.

Literatur

Cox, Marian Roalfe: Cinderella. Three Hundred and Forty-five Variants of Cinderella, Catskin, and Cap O' Rushes [. . .]. London 1893.
Rooth, Anna Birgitta: The Cinderella Cycle. Lund 1951.

Ting, Nai-tung: The Cinderella Cycle in China and Indo-China (Folklore Fellows Communications, Band 213). Helsinki 1974.

Wehse, Rainer: Cinderella. In: EM 3 (1981) 39−57.

Böhm, Regina: ›Hänsel und Gretel‹, eine Fallstudie. Magisterarbeit Freiburg i. Br. 1985.

Schmidt, Sigrid: Einäuglein, Zweiäuglein, Dreiäuglein (AaTh 511). In: EM 3 (1981) 1197−1203.

BP 1, 115−126, 165−188; BP 2, 45−56; BP 3, 60−66.

Scherf, 1−6, 9−13, 47−50, 87−91, 102−104, 186−191, 224−228.

Soriano, Marc: Aulnoy, Marie Catherine Le Jumel de Barneville, baronne d'. In: EM 1 (1977) 1020−1024.

Schenda, Rudolf: Basile, Giambattista. In: EM 1 (1977) 1296−1308.

2.

Das Mädchen im Kasten

Es war einmal eine arme alte Frau, die hatte einen Sohn. Als er herangewachsen war, sprach sie zu ihm: »Mein Sohn, wir sind kleine Leute; jetzt, wo du erwachsen bist, mußt du dich umsehen, einen Dienst zu finden, damit wir leben können; denn ich kann dir nicht mehr zu essen geben.« Der Sohn sah ein, daß seine Mutter recht hatte, und sagte zu ihr: »Mütterchen, für schwere Arbeit bin ich nicht; aber wir wollen meinem Paten schreiben, der Kaufmann in Smyrna ist, er solle mich aufnehmen, damit ich gut leben kann und auch dir schicken kann, daß du durchkommst.« Also schrieben sie an den Paten, und der war von ganzem Herzen einverstanden, den Jüngling aufzunehmen. Die Mutter machte ihm Kleider und schickte ihn mit einem Schiffe nach Smyrna. Als er zu seinem Paten kam, nahm der ihn freundlich auf und stellte ihn in seinem Laden an; und da er ledig war, gab er ihm Geld, und der Jüngling ging einkaufen und kochte das Essen.

Eines Tages, als er in der Ladentür saß, sah er einen Lastträger, der einen Kasten trug und rief: »Ich verkaufe diesen Kasten; wer ihn kauft, wird es bereuen, und wer ihn nicht kauft, wird es auch bereuen.« Als der Jüngling das hörte, dachte er: »Was sagt der Mann da? Was ist das mit dem Kasten? Ich will ihn nehmen«; und sprach zu dem Lastträger: »Für wieviel gibst du den Kasten?« Der antwortete: »Für fünfhundert Piaster.« Der Jüngling hatte so viel Geld nach und nach von seinem Lohn erspart, gab es dem Lastträger und bekam den Kasten; den stellte er ohne Wissen seines Paten in einen Winkel des Ladens.

Am folgenden Tage war Sonntag, und der Jüngling machte sich auf und ging einkaufen; darauf ging er in die Kirche und dachte bei sich: »Wenn ich aus der Kirche komme, gehe ich und bereite das Essen.« Als er aus der Kirche nach Hause kam, fand er das Essen fertig, und zwar so gut, wie es der beste Koch nicht hätte machen können, und er sprach bei sich: »Sieh an, der Pate hat selbst das Essen bereitet, als ich nicht da war.« Sowie der Pate kam, richteten sie an und setzten sich zum Essen; und der Pate, als er das gute Essen sah, sprach zu Konstantin — so hieß der Jüngling: »Mein Sohn, ich wette, heute hat nicht einmal der König ein so gutes Essen. Du bist der beste Koch im Lande geworden.« Der Jüngling aber dachte bei sich: »Aha! Der Pate hat das Essen selbst bereitet und jetzt neckt er mich«, errötete ein wenig und schwieg.

Am nächsten Tage kaufte er wieder ein, Fische, ließ sie zu Hause und ging in den Laden; sobald die Mittagszeit käme, wollte er wiederkommen und sie kochen. Als er dann seine Geschäfte erledigt hatte, ging er nach Hause und fand die Fische gekocht, und zwar so schön, daß die ganze Nachbarschaft davon duftete. »Aha«, dachte er, »der Pate hat wieder meinen Dienst verrichtet.« Der Pate kam zu Mittag, sie setzten sich zum Essen, und ihm gefiel das Essen so gut, daß er nicht wußte, wie er den Jüngling loben sollte.

Da nun der Jüngling sah, daß sein Pate tat, als wisse er von nichts, geriet er in Zweifel; am nächsten Tage ging er wieder einkaufen und trug es nach Hause, aber anstatt in den Laden zu gehen, versteckte er sich in einem Schrank. Da sah er, wie aus dem Kasten ein Mädchen heraus kam, so schön, daß das ganze Haus von ihrer Schönheit erglänzte. Sowie sie draußen war, schürzte sie sich und fing an zu kochen. Von ihrem Anblick wurde er so hingenommen, daß er sich nicht halten konnte; er kam leise heraus, fiel ihr zu Füßen und sprach: »Bist du ein Engel oder ein Mensch, wie du hier stehst?« Sie antwortete: »Ich bin ein Mensch, fürchte dich nicht! Als ich in dies Land kam, sah ich dich und verliebte mich in dich, weil du so schön bist. Ich bin die Tochter des Königs von Ägypten, und eines Tages, als ich nach Smyrna gekommen war, um dort den Sommer zuzubringen, sah ich dich und liebte dich sehr. Als ich wieder zu meinem Vater nach Ägypten kam, wollte er mich verheiraten; da ich aber dich liebte und wußte, daß mein Vater mich dir niemals geben würde, sagte ich zu ihm: Ich will mich nicht verheiraten. Da wurde er zornig und befahl einem seiner Leute, mich in einen Kasten zu stecken und mich heimlich weit von Ägypten zu verkaufen. Ich sagte aber dem Manne, er solle mich nach Smyrna bringen und mich an dich verkaufen. Nun wollen wir warten und sehen, was mein Vater tun wird, denn er hat kein andres Kind.«

Als Konstantin so erfuhr, daß das Mädchen eine Königstochter sei, fiel er ihr zu Füßen, sie aber hob ihn auf und küßte ihn, und sie heirateten sich heimlich, ohne daß der Pate es wußte. Am andern Tage suchte Konstantin ein Schiff und sprach zu dem Kapitän: »Ich werde dir einen Kasten geben; auf den gib gut acht, wie auf deinen Augapfel und bringe ihn meiner Mutter.« So gab er ihm den Kasten, und der Kapitän brachte ihn zu Konstantins Mutter mit einem Brief, den er geschrieben hatte, daß in dem Kasten seine Frau sei. Die Mutter nahm sie freundlich auf und liebte sie sehr.

Eines Tages stand ein Jude vor dem Hause der Alten, und als er das schöne Mädchen sah, ergriff ihn die Versuchung, sie zu gewinnen, und eines Tages, als er sah, daß sie unter die Tür trat, kam er mit Waren zum Kauf; aber als das Mädchen ihn sah, ging sie hinein. Der Jude kam nun Tag für Tag vorbei, um sie zu sehen; sie verbarg sich; er schickte Leute, die mit ihr reden sollten, sie aber wies sie ab. Da wurde der Jude ärgerlich und schrieb einen Brief an Konstantin: »Deine Frau läßt ohne Wissen deiner Mutter alle jungen Männer ins Haus und ist ein schlechtes Weib.« Als Konstantin das vernommen hatte, geriet er in so großen Zorn, daß er sogleich Smyrna verließ und zu seiner Mutter ging. Das Mädchen sah ihn vom Fenster aus, kam schnell herab, machte die Tür auf und küßte ihn. Dort bei der

Tür floß ein großer Strom vorbei. Als nun die Tür aufging und Konstantin seine Frau sah, ward er so zornig, daß er nicht abwartete sie zu fragen, ob es wahr wäre, was der Jude ihm geschrieben hatte, sondern er packte sie gleich und warf sie in den Fluß. Darauf ging er hinein zu seiner Muter und fragte sie über die Frau. Die erzählte ihm dann, was der Jude gemacht hatte um die Frau zu bekommen, daß die ihn aber verhöhnt habe. Da war Konstantin nahe daran, sich das Leben zu nehmen, ging aber zum Flusse und stellte Leute an nachzusehen, ob seine Frau ertrunken sei; doch nirgends entdeckte man sie. Da wandte er sich ab und floh wie wahnsinnig ins Weite.

Als das Mädchen in den Fluß fiel, hatten Fischer ihre Netze ausgeworfen, zogen sie halbtot heraus und hüllten sie in einen Mantel. Dort kam ein Türke vorbei und fragte die Fischer, ob sie keine Fische hätten. Sie antworteten, sie hätten nichts gefangen, nur eine Frau. Als der Türke sie sah, gewann sie sein Herz, und er kaufte sie von den Fischern für fünfzigtausend Piaster. Als sie zu sich gekommen war, sah sie neben sich einen Türken; dann erinnerte sie sich, was sie erlitten hatte und sprach zu dem Türken: »Was willst du jetzt mit mir machen? Wenn du mich nimmst und es sieht mich ein andrer, der stärker ist als du, so wird der mich nehmen. Aber weißt du, was wir tun wollen? Gib mir Kleider von dir, daß ich mich als Mann anziehen kann, so daß keiner mich als Frau erkennen kann; so kannst du mich behalten.« Er willigte ein, sie nahm seine Kleider, trat hinter einen Busch und kleidete sich um. Dort stand das Pferd des Türken, und als sie sich umgekleidet hatte, stieg sie auf und sprengte davon. Der Türke merkte, daß sie lange brauchte und ging nachsehen; fort war sie. Da ging der Arme auch von dannen, noch dazu halb nackt und ohne Pferd.

Sie nun ritt Stunde um Stunde von Berg zu Berg, bis sie in der Nacht, ohne es zu wissen, nach Ägypten kam, dem Lande, wo ihr Vater gebot. Da die Tore der Hauptstadt verschlossen waren, und es schneite und regnete, sank sie draußen vor dem Tore nieder. Nun war in Ägypten in den Tagen der König gestorben, und da er keinen Thronfolger hinterlassen hatte, versammelten sich die Minister und sandten aus, die Tochter des Königs zu suchen, die verloren gegangen war, wie der König fälschlich gesagt hatte. So suchten sie einige Tage, fanden sie aber nicht, und da das Land einen König brauchte, sprachen sie: »Da einmal kein Kind aus dem Blut des Königs vorhanden ist, so soll man nach dieser schlimmen Nacht voll Schnee und Kälte, in der einer, der draußen liegt, umkommen müßte, den zum König machen, den man zuerst außerhalb des Tores der Hauptstadt findet.« Am andern Morgen nun sah das Mädchen, das von gar nichts wußte, als Mann gekleidet und halbtot vor Kälte war, wie sich das Tor auftat und die Zwölf herauskamen. Da stieg sie gleich zu Pferd und hielt sich zur Seite, um sie vorbeizulassen. Sie aber, als sie einen schönen jungen Mann sahen, fielen ihm zu Füßen, brachten ihn in den Palast und setzten ihn zum König ein.

Da sie weise war und niemand wußte, daß sie eine Frau war, regierte sie das Königreich so gut, daß alle sie liebten wie den lieben Gott, und sie war bei dem Volk so beliebt, daß man ihr Bild an allen Quellen des Landes anbrachte, damit es alle sähen, die kämen Wasser zu schöpfen. Nun befahl das Mädchen heimlich ihren Leuten, sie sollten auf jeden achten, der käme Wasser zu holen, und wenn sie einen bemerkten, der seufze, sobald er ihr Bild sähe, den ergreifen und in den Palast bringen und ihn bewachen, bis sie es ihnen sagte. Eines Tages kam der Jude vorüber, der den Brief an ihren Mann geschrieben hatte, und als seine Augen auf das Bild fielen, seufzte er. Als das die Leute des Königs bemerkten, ergriffen sie ihn und brachten ihn in den Palast. Am andern Tage kamen die Fischer vorbei, auch die seufzten, als sie das Bild sahen, und man brachte sie in den Palast. Darauf kam nach einigen Tagen der Türke da vorbei, und auch den ergriff man, als er seufzte. Wieder nach einigen Tagen kam auch ihr Mann vorbei, und als er das Bild sah, rief er aus: »Ach, wie gleicht es ihr! Ach, daß ich dich verloren habe«, brach in Tränen aus und wehklagte, und so brachte man auch ihn in den Palast.

Als nun das Mädchen sah, daß alle, die sie haben wollte, beisammen waren, befahl sie eines Tages, daß die Minister zusammenkommen sollten, um ihnen ein Urteil zu verkünden, das sie fällen werde. Also versammelten sich alle, und sie als König saß in der Mitte. Darauf ließ sie alle die herbringen, die man gefangen genommen hatte und befahl, daß keiner reden sollte, dem sie es nicht sagte. Nun fing der König an und sprach: »Jude, warum hast du geseufzt, als du das Bild an der Quelle sahst? Gib acht, lüge nicht, sonst lasse ich dir sogleich den Kopf abschlagen.« Der Jude antwortete: »Was soll ich dir sagen, Herr König; ich erkannte, daß das Bild eine Frau ist.« Danach erzählte er die volle Wahrheit, wie er den Brief geschrieben habe, weil das Mädchen ihn nicht zum Manne nehmen wollte. Als er fertig war, sagte sie zu ihm: »Gut, du hast die Wahrheit gesagt, setz dich auf die Seite.« Da wollte ihr Mann, als er aus dem Munde des Juden hörte, welche Verleumdung der auf seine Frau geworfen hatte, auf ihn losstürzen; aber der König sagte zu ihm: »Bleib zur Seite und rühre dich nicht, sonst geht es dir schlecht.« Da zog er sich zurück. Darauf fragte der König die Fischer: »Was hattet ihr denn, daß ihr seufztet?« und sie antworteten: »Wir haben diese Frau aufgefangen und sie an einen Türken verkauft.« – »Und du«, sprach der König zu dem Türken, »was hattest du?« – »Ich«, antwortete er, »bin der, der sie gekauft hat, aber sie ging mir davon und ließ mich sogar, ehe ich sie recht gesehen hatte, ohne Kleider stehen und nahm mir auch mein Pferd weg.« Da wurden die Minister stutzig und betrachteten den König, der aber gab ihnen ein Zeichen, sie möchten sich nicht rühren. Darauf sprach sie zu ihrem Mann: »Und du, warum hast du geseufzt?« – »Ach, ich Unglücklicher«, anwortete er mit Tränen in den Augen, »ich war ihr Mann, und jetzt ist sie für mich verloren.« – »Nein«, sagte sie, »du hast sie nicht verloren. Wartet ein wenig, ich komme gleich wieder.« Sie ging hinein und kleidete sich in Frauenkleider, wie sie sie hatte, als sie bei ihrem Manne war, und kam so wieder heraus. Als sie sie erblickten, rissen alle die Augen weit auf, die Minister erkannten die Tochter des Königs, ebenso auch ihr Mann und die übrigen das Mädchen. Zuerst kam der Mann, fiel ihr zu Füßen und bat sie, ihm zu verzeihen. Sie hob ihn auf, küßte ihn und setzte ihn an ihre Seite. Den Fischern gab sie Geld, dem Türken sein Eigentum, und dem Juden, den die Minister hängen lassen wollten, verzieh sie, befahl ihm aber, binnen vierundzwanzig Stunden ihr Reich zu verlassen. Nun verkündete der Ausrufer, daß die Königstochter gefunden sei; es wurden große Feste gehalten, Konstantin wurde König, und sie aßen und tranken bis zum heutigen Tag.

Balkanmärchen. Aus Albanien/Bulgarien, Serbien und Kroatien. Herausgegeben von *August Leskien*. Eugen Diederichs Verlag, Jena 1915, Nr. 56,
S. 259–265.

Kommentar

Das Thema ›Frau in Männerkleidung‹ hat in volkstümlicher (s. auch Text
12) wie literarischer Tradition (zum Beispiel in zahlreichen Stücken Shake-
speares, Lope de Vegas, Calderóns und Tirso de Molinas) vielfache Variatio-
nen erfahren. Das hier in einer albanischen Fassung vorgestellte Märchen
(AaTh 881) hat, gemessen an anderen Märchentypen, zwar relativ wenige,
aber breit gestreute Belege aufzuweisen: im Vorderen Orient und im
östlichen Mittelmeerraum, in Ost-, Nord- und Nordwesteuropa, in Amerika
vor allem bei den Frankokanadiern. Schriftliche Zeugnisse finden sich in
orientalischen Quellen, so in einer Handschrift von *Tausendundeinenacht*,
dem sogenannten Wortley-Montague-Manuskript, das in der zweiten Hälfte
des 18. Jahrhunderts entstanden ist (Ausg. F. Tauer. Frankfurt a.M. 1984,
Bd. 1, 311–324).
Durch Boccaccios *Decamerone* (1349–51; 2. Tag, 9. Novelle) und Shake-
speares *Cymbeline* (1608/09) berühmt geworden ist das Schicksal einer
weiteren verleumdeten Ehefrau: In dieser Geschichte von der Wette eines
Mannes um die Keuschheit seiner Frau (AaTh 882) nimmt sie keineswegs
wie die leidende Genoveva ihr Geschick tatenlos hin, sondern kommt als
Mann verkleidet zu hohen Ehren, befreit ihren nun gesellschaftlich weit
unter ihr stehenden Gatten aus mißlicher Lage und verzeiht ihm.
Andere Märchen berichten von vergessenen Bräuten, die als angebliche
Burschen Arbeit in der Nähe ihres Bräutigams suchen und ihn wieder für
sich gewinnen (AaTh 884), so das Grimmsche Märchen von den zwölf
Jägern (KHM 67). Besonders in Südeuropa finden sich Erzählungen, in
denen ein Vater von sieben Töchtern gegenüber einem Vater von sieben
Söhnen Minderwertigkeitskomplexe hat, von denen ihn seine jüngste Tochter, die als Mann verkleidet loszieht, kurieren kann (z. B. Basile 3,6: *La
serva d'aglie*). Dabei geraten die männlichen Gegenspieler der Jüngsten in
Zweifel über deren Geschlechtszugehörigkeit, verlieben sich und leiden
unter der Ungewißheit. Die Mütter der Männer zeigen sich ahnungslos oder
legen wenig Wert auf eine Aufklärung. Alle Geschlechtsproben – Interesse
an Blumen, Wahl zwischen Schmuck und Waffen, Ritt auf einem wilden

Pferd bis hin zum gemeinsamen Bad — besteht das verkleidete Mädchen oder entzieht sich durch Flucht, aber am Ende kommen die beiden dann doch zusammen.

Unser Textbeispiel wurde zum ersten Mal 1896 in den *Albanesischen Studien* des Sprachwissenschaftlers Gustav Meyer veröffentlicht. Meyer, der Verfasser grundlegender Abhandlungen zur albanischen Sprache sowie eines etymologischen Wörterbuchs, hat selbst nie albanisches Sprachgebiet betreten und bezog sein folkloristisches Material vor allem von E. Mitkos, einem Anhänger der albanischen nationalen Wiedergeburtsbewegung im Kampf für die Befreiung von den Türken, dem die umfangreichsten Sammlungen albanischer Folklore im 19. Jahrhundert zu verdanken sind. Dem vorliegenden Märchen allerdings liegt eine Aufzeichnung von K. H. Reinhold, der jahrelang als griechischer Marinearzt tätig war, zugrunde.

Literatur

Coffin, Tristram P.: The Female Hero in Folklore and Legend. New York 1975.

Wehse, Rainer: Frau in Männerkleidung (AaTh 514, 880, 881, 884, 884 A u. a.). In: EM 5 (1987) 168—186.

Moser-Rath, Elfriede: Frau. In: EM 5 (1987) 100—137, hier 116 f.

Dies.: Cymbeline. In: EM 3 (1981) 190—197.

Lo Nigro, Sebastiano: La novella delle »prove per scoprire il sesso della fanciulla travestita da uomo«. In: ders.: Tradizione e invenzione nel racconto popolare. Firenze 1964, 47—78.

Weitere Lit.: s. Text 12.

3

Die alte Frau und der Tod

Es war einmal irgendwo, jenseits des großen Meeres, ja noch hinter dem gläsernen Berg und hinter jenem ganz verfallenen Backofen, der kein Stückchen Seite mehr hatte und, wo er noch gut war, nicht schlecht war und, wo er schlecht war, nicht gut war, dort also war einmal neben dem kahlen Hügel, bei »Such nicht wo und frag nicht wo« ein Fluß. An seinem Ufer stand eine alte, morsche Weide, auf jedem Zweig dieser Weide hauste eine Herde Flöhe, und der Hirt dieser Flohherde soll derjenige sein, der sich mein Märchen nicht aufmerksam anhört. Und wenn er nur einen einzigen Floh wegspringen läßt, dann soll er auf ein grausiges Blutsaugen gefaßt sein und von den Flöhen zu Tode gebissen werden.

Es war einmal eine sehr, sehr alte Frau. Sie war älter als die Landstraße, älter sogar als die Gärtner des lieben Herrgotts. Diese alte Frau dachte nie daran, daß sie einmal werde sterben müssen; auch als sie nur noch mümmeln konnte, dachte sie nicht daran, sie arbeitete nur immer, sie war wie besessen hinter dem Reichtum her. Sie holperte und stolperte herum, scharrte und raffte alles zusammen; am liebsten hätte sie die ganze Welt verschlungen, dabei war sie mutterseelenallein, hatte niemanden, kein einziges, noch so winziges Lebewesen. Aber ihr Eifer war nicht umsonst; man sah ihr an, was dabei herauskam: sie wurde dick und fett. Und sie hatte in ihrem Hause vom kleinsten Beil bis zum größten Beil alles, was man brauchte.

Einmal jedoch kreidete der Tod auch ihren Namen an, und er ging zu ihr hin, um sie zu holen. Die alte Frau aber wollte sich durchaus nicht von ihrem Reichtum trennen, und sie bat den Tod flehentlich, ihr noch ein bißchen Zeit zu lassen, nur zehn Jahre noch oder fünf oder auch nur ein Jahr. Der Tod wollte aber nicht darauf eingehen, sondern sagte: »Mach dich schnell bereit und dann komm! Wenn du nicht kommst, schlepp ich dich weg!«

Doch die alte Frau flehte und bettelte weiter, er möge ihr noch etwas Zeit lassen, wenn auch nicht viel, so doch ein ganz klein wenig. Mit dem Tode war nicht leicht zu reden; am Ende aber setzte die alte Frau es dennoch durch, daß er sagte:

»Nun gut, ich lasse dir noch drei Stunden Zeit.«

»Das ist zuwenig«, sagte die Mümmelgreisin, »hol mich nicht heute, sondern schiebe es bis morgen auf.«

»Das geht nicht.«

»Doch, bitte, doch. Es wird schon gehen.«

»Nein, es geht nicht.«

»Sei doch nicht so!«

»Also, wenn du so sehr darauf bestehst«, sagte der Tod, »meinetwegen.«

»Und ich möchte dich noch bitten ... Dingsda ... ja, schreib draußen an die Tür, daß du morgen kommst ... Ich bin dann sicherer, wenn ich's auf der Tür geschrieben sehe.«

Der Tod wollte nicht noch mehr Zeit bei der Alten verbringen, stritt also nicht weiter, sondern nahm die Kreide aus der Tasche, schrieb draußen auf den oberen Teil der Tür: »Morgen« und ging seiner Wege.

Am nächsten Tage gleich nach Sonnenaufgang kam der Tod zu der alten Frau. Sie lag noch unterm Federbett, und der Tod sprach:

»So, jetzt komm mit!«

»Du irrst dich«, sagte die Alte, »sieh doch nach, was auf der Tür geschrieben steht.«

Der Tod blickte hin und sah, daß dort stand: »Morgen«.

»Richtig!« sagte er. »Morgen hole ich dich aber bestimmt!« Damit zog er ab.

Der Tod hielt Wort: am folgenden Tage kam er wieder, als die alte Frau sich noch im Bett reckte und streckte. Doch wieder erreichte er nichts, denn sie zeigte nach der Tür, wo geschrieben stand: »Morgen«.

So ging das eine Woche lang. Schließlich bekam der Tod den Spaß satt. Am siebenten Tage sagte er zu der Alten: »Noch einmal wirst du mich nicht überlisten! Ich brauche die Kreide und nehme sie mit.« Und er wischte die Schrift von der Tür ab. »Morgen«, sagte er, »versteh mich recht, morgen komme ich und nehme dich mit!«

Der Tod ging fort. Der alten Frau blieb vor Angst und Schrecken der Mund offen; es war ihr klar, daß sie morgen sterben müßte, ob sie wollte oder nicht. Sie zitterte wie ein Pudding, so sehr fürchtete sie sich.

Als der Morgen graute, wußte sie sich vor Angst nicht mehr zu lassen; am liebsten hätte sie sich vor dem Tod in eine leere Flasche verkrochen, wenn das möglich gewesen wäre. Sie überlegte hin und her, wo sie sich verstecken könnte. In der Vorratskammer hatte sie ein Faß Honig; dahinein setzte sie sich, nur Nase, Augen und Mund sahen aus dem Honig hervor. Wenn er mich aber auch hier findet?! dachte sie. Ich krieche wohl besser ins Federbett hinein!

Sie kletterte also aus dem Honig heraus und kroch ins Federbett zwischen die Federn. Dann hielt sie aber auch das für kein gutes Versteck, drum wollte sie wieder heraus, um einen besseren Platz zu suchen. Und als sie gerade im Herauskriechen war, kam der Tod.

Der aber konnte sich nicht ausdenken, was für ein Wunderding da kroch. Er erschrak dermaßen, daß er das Gruseln bekam und davonlief. Er rannte, was er konnte, und macht vielleicht bis zum heutigen Tage einen großen Bogen um die alte Frau.

Ungarische Volksmärchen. Herausgegeben von *Gyula Ortutay*. Akademie-Verlag, Berlin (1957) ⁶1980, Nr. 39, S. 468–470.

Kommentar

Die Erzählung greift eine — vielfach verdrängte — Grundfrage des menschlichen Daseins, die Auseinandersetzung mit Tod und Sterbenmüssen, in schwankhafter Manier auf. Indem sie sich lachend über existentielle Ängste hinwegsetzen, können solche Geschichten, zumindest für den Augenblick, befreiende Wirkung haben. Der personifizierte Tod ist hier bar aller dämonischen Züge — er ist einfach nur ein ›dummer Tod‹, vergleichbar dem ›dummen Teufel‹, um den sich ein ganzer Zyklus von Erzählungen rankt. Die Sympathien gehören natürlich der alten Frau, schon aufgrund ihrer ausweglos erscheinenden Situation und weil es ihr gelingt, dem Tod ein

Schnippchen zu schlagen. Nach dem Scheitern ihrer ersten List, als der Tod kurzen Prozeß machen will, gerät sie jedoch fast zur komischen Figur, eher aus Zufall behält sie schließlich die Oberhand. Überdies zeigt sich an der eher negativen Charakterisierung ihrer Person Unverständnis für ein nicht in soziale Zusammenhänge eingebettetes Leben: Die alte Frau lebt allein und rafft sinnlos Reichtümer zusammen. Beim Triumph der Alten über den Tod mag ferner unterschwellig die Vorstellung mitschwingen, ein böses Weib sei übler als Tod und Teufel, die unter anderem auch im Erzählgut ihren Niederschlag gefunden hat – und ›böse Frau‹ (= Hexe) und ›alte Frau‹ sind in Volkserzählungen oft geradezu Synonyme; neben latent altenfeindlichen wären also auch versteckt frauenfeindliche Tendenzen nicht ganz außer Betracht zu lassen.

Die Geschichte läßt sich schwer in das gängige Erzähltypensystem einordnen. International verbreitet ist das in unterschiedlichen Zusammenhängen erscheinende Motiv von der Frau im Kleid aus Honig (oder Teer) und Federn, die zum Beispiel bei einer Wette mit dem Teufel diesem als merkwürdiger Vogel oder seltsames Wild präsentiert wird (AaTh 1091, 1092). Auch für die Überlistung des Todes finden sich Beispiele in mehreren Erzählkomplexen: Zum Beispiel bittet sich der Todeskandidat als Gnadenfrist aus, noch ein letztes Gebet verrichten zu dürfen, das er dann nicht zu Ende spricht (AaTh 1199), oder der Arzt dreht das Bett des Kranken, zu dessen Füßen der Tod steht, einfach um (AaTh 332; KHM 44: *Der Gevatter Tod*).

Hinzuweisen ist noch auf die kunstvolle Einleitungsformel, mit der ein spielerischer Übergang zur Welt des Irrealen hergestellt wird.

Unsere Erzählung stammt aus dem südungarischen Komitat Csongrád. Sie wurde 1872 erstmals im zweiten Band der Reihe *Magyar népköltési gyüjtemény* (Sammlung ungarischer Volksdichtung, 1872–1924, 14 Bände) veröffentlicht, mit der die systematische Publikation ungarischer Volksüberlieferungen beginnt. Die einzelnen Bände zeigen eine wachsende Genauigkeit in den Textniederschriften, jedoch noch keinerlei Interesse für die Erzählerpersönlichkeiten.

Literatur

Wünsche, Aug[ust]: Der Sagenkreis vom geprellten Teufel. Leipzig/Wien 1905.
Brednich, Rolf Wilh[elm]: Der Teufel und die Kerze. Zur stofflichen Herkunft und Verbreitung einer Volkserzählung vom geprellten Teufel (AT 1187). In: Fabula 6 (1964) 141–161.

Schenda, Rudolf: Alte Leute. In: EM 1 (1977) 373—380.

Ranke, Kurt: Eingangsformel(n). In: EM 3 (1981) 1227—1244.

Wehse, Rainer: Frau als unbekanntes Tier (AaTh 1029, 1091, 1092). In: EM 5 (1987) 192—199.

Brednich, Rolf Wilhelm: Gebet ohne Ende (AaTh 1199). In: EM 5 (1987) 801—803.

Moser-Rath, Elfriede: Gevatter Tod (AaTh 332). In: EM 5 (1987) 1224—1233.

4.

Die Schöne und das Tier

Ich erzähle euch jetzt die Geschichte von einem reichen Kaufmann. Er hatte drei Töchter und eine Frau und es ging ihnen prima. Sie belieferten die ganze Gegend mit Waren. Und seht ihr, zwei Töchter hatten bloß Koketterien, Spazieren und Tanzen im Kopf, und eine war eine ganz Fleißige, die immer ihrer Mutter half. Weil er soviel ausgab, machte der Herr bankrott, und als er bankrott war, war das für die Frau ein großes Leid, daß sie so reich gewesen waren und die ganze Gegend beliefert hatten und jetzt keine Waren mehr bekamen, weil sie die Aufträge nicht mehr bezahlen konnten. Die Frau starb an Schwermut, er blieb allein mit den drei Mädchen, sie hatten nichts zu essen; so wie sie reich gewesen waren, waren sie jetzt arm. Da sagte die Jüngste zu ihrem Vater: »Papa, du hast mir doch einmal gesagt, daß du da und da einen Besitz hast, von Mama, daß Land dabei ist und ein Garten und all das. Wollen wir nicht dahin gehen? Ich will arbeiten, und wenn wir nicht hier arbeiten, arbeiten wir eben anderswo, und du hilfst mir auch, Papa. Willst du nicht hingehen und es dir ansehen? Wenn jemand dort wohnt, brauchst du ihm nur zu kündigen, und wir gehen alle beide dorthin, und sie, wenn sie nicht mitkommen wollen, dann können sie ja tanzen gehen.« – »Ach, Mädchen, du hast ganz recht. Ich werde hingehen und sehen, ob der Mann fort will.« Da geht er hin, erzählt ihm sein Unglück: »Ach, Sie tun mir leid, ja, die Pacht ist nicht abgelaufen, aber ich kann gehen, es gibt ja noch andere Stellen, wenn ich Ihnen damit aus der Not helfen kann.« – »Also gut, abgemacht, das Mädchen und ich nehmen ein Stückchen Land, das andere geben wir Ihnen in Teilpacht, wenn Sie wollen; dann haben wir zu essen.« »Ausgezeichnet, ausgezeichnet, so schnell wie möglich sind wir fort.« Er geht. Die Mädchen wollten nicht mit ihnen kommen, versteht ihr, sie wollten spazierengehen und auf Ausflüge und zum Tanzen. Aber es ging doch alles gut, und sie hatten jetzt etwas zu essen.

Eines schönen Tages riefen die beiden Großen ihren Vater, er sollte schnellstens kommen, sie hätten einen Brief bekommen, am Bahnhof wäre ein Waggon mit Waren auf seinen Namen, er müßte ihn sofort abholen. Ihr Vater wußte nicht, ob das stimmte. Er sagte sich: »Sei's drum, ich gehe hin.« Da sagten die zwei Großen zu ihm: »Bring uns ein Kleid in Himmelfarbe mit, in Sternenfarbe, und bring mir dies und bring mir das.« – »Und du, Herzchen, was willst du, was willst du, Herzchen?« (zu der Kleinen). – »Ich brauche nichts, Papa, gute Reise, bring mir einen Strauß Blumen mit, wenn du willst, das ist alles, und komm, so schnell du kannst, gesund wieder heim.« Der Mann geht zum Bahnhof. Als er dort ankommt: »Das war eine falsche Adresse, das war nicht für Sie, der Waggon ist schon abgeholt.« Er ging weinend fort, und auf dem Rückweg kam er an einem verlassenen Schloß vorbei, und von der Mauer des Schlosses fielen Rosen in allen Farben fast auf den Weg, und es gab sie in allen Sorten. Da dachte er daran, daß seine Tochter, die Arme, ihm gesagt hatte: »Wenn du unbedingt möchtest, dann bring mir einen Strauß Blumen mit.« Um ihn nicht zu verärgern, aber im Grunde war es ihr völlig egal. Und da sagte er sich: »Du schneidest der Tochter, die das gesagt hat, einen Strauß Blumen, und den anderen sage ich, wie es ist, und wenn ihnen das nicht paßt, dann können sie tanzen gehen.« Er hatte den Strauß noch nicht fertig geschnitten, als ein schreckliches Tier auf der Mauer erschien: »Mit welchem Recht schneiden Sie hier meine Blumen ab?« sagte es, »na, die Blumen werden Sie teuer zu stehen kommen.« — »Nun, und worum geht's?« — »Hören Sie zu, Sie haben drei Töchter, und morgen bringen Sie mir die Jüngste hierher ins Schloß, und wenn nicht, wird es Ihnen schlecht gehen, Sie bringen sie mir morgen, die Jüngste.« Und der Mann geht, und schwer ist ihm ums Herz, und als er nach Hause kommt, warten die Mädchen schon auf ihn: »Was bringst du mir mit, Papa, bringst du mir dies mit, bringst du mir das mit?« — »Ich bring euch überhaupt nichts mit, ich bringe der Kleinen einen Strauß mit, und ich denke, das wird mich teuer zu stehen kommen«, sagt er, »ich hab ihn unterwegs gefunden und er hat mich nichts gekostet, aber ich glaube, er wird mich teuer zu stehen kommen«, sagt er, »so und so, ich bin einem Tier begegnet, das hat mir folgendes erklärt: wenn ich ihm das Mädchen nicht morgen früh bringe, wird es mir schlecht gehen.« Da waren die froh, daß sie ihre Schwester loswurden, weil sie ihnen immerzu sagte: »Du könntest was tun« oder »Du tust ja nichts«. Und als er es der Kleinen gesagt hatte und weinte: »Aber Papa, wein doch nicht, ich geh zu diesem Tier, es wird mich vielleicht nicht fressen, ich habe ihm doch nichts getan, du bringst mich hin, ich hab keine Angst, und sie, wenn sie die Hausarbeit nicht machen, dann lassen sie es eben sein. Du bringst mich zu dem Tier, es wird mich nicht fressen; wenn es zu dir gesagt hat, daß du mich hinbringen mußt, dann mußt du mich hinbringen.« Und der Mann hatte solchen Kummer, er weinte, versteht ihr, sie war der einzige Mensch, den er hatte. Am nächsten Morgen steht das Mädchen früh auf, kämmt sich, zieht sich an: »Papa, bist du fertig, gehen wir.« Sie gehen. Sie klopfen an die Tür von dem großen Schloß. Es sah aus, als ob es verlassen wäre. Das hatte eine Fee getan. Ein Prinz war zur Strafe in ein fürchterliches Tier verwandelt worden, weil man sie nicht zu einem Fest für den kleinen Prinzen eingeladen hatte. Und da kommt er, nimmt das Mädchen dem Vater aus dem Arm, führt es weg und sagt zu ihm: »Haben Sie keine Angst, Sie werden Essen bekommen, Sie werden bedient werden, aber Sie werden nur die Hände sehen, denn alle meine Diener sind noch im Haus, aber sie sind nicht sichtbar.« Er sagte ihr nicht, daß es eine böse Fee war, die das getan hatte. Er wollte ihr nicht gleich alles sagen, vielleicht hatte er nicht das Recht, es zu sagen. Und dann sagte er zu ihr: »Jetzt kannst du das Schloß besichtigen, und ich gehe dahin, wohin ich gehen muß, du kannst zu allen offenen Türen hineinsehen, du kannst dir alles anschauen.« Sie schaute sich zuerst den Hof an, da waren eine große blühende Linde und alle Rosenstöcke und alles in Ordnung wie damals, als es bewohnt war, und da blieb sie den ganzen Tag. »Und weißt du, ich komme um acht, und um sechs, wenn es dir paßt, setzt du dich zu Tisch, und du wirst von unbekannten Händen bedient, und nichts wird dir fehlen.« — »Gut, dankeschön, und bis gleich.« Sie hatte Mut, denn unser Herrgott stand dem guten Tier bei.

Das Mädchen tut, was ihm das Tier befohlen hatte. Der Vater kommt mit einem Kummer nach Hause, was war er unglücklich, der Arme! Als es acht Uhr geworden ist, fragte sich das Mädchen, ob das Tier wohl wiederkommen würde. Es erscheint: »Guten Abend, Schöne.« — »Guten Abend, Tier.« — »Haben Sie gegessen?« — »Ja, und Sie auch?« — »Ich auch.« Und da fing es ein Gespräch an, sie unterhielten sich, ob das Schloß ihr gefiel, alles was es finden konnte, und als sie sich genug unterhalten hatten, richtete es sich vor ihr auf und sagte: »Schöne, wollen Sie meine Frau werden?« — »Nein, Tier, nein, Tier.« — »Ich bin sehr häßlich, nicht wahr?« — »Ja, Tier, Sie sind garstig, ich will nicht Ihre Frau werden.« — »Nun«, sagt es zu ihr, »gute Nacht und bis morgen früh um acht, ich werde wieder da sein.« — »Ja, Tier, gute Nacht.« — »Ich bin sehr häßlich, nicht wahr?« — »Oh ja, Tier.« Und damit geht sie, das arme Mädchen hatte Mut, sie geht und machte noch eine Runde durch das Schloß, sie verrichtete ihr tägliches Gebet und ging ins Bett, ruhig wie ein Hündchen: »Was wird das werden«, dachte sie, »es sieht nicht aus, als ob es mich fressen möchte, weil es mich fragt, ob ich seine Frau werden will, es wird mir nichts tun«, dachte sie. Und am nächsten Morgen kommt es wieder, wünscht ihr guten Tag: »Haben Sie schon gefrühstückt?« — »Noch nicht«, sagt sie zu ihm. — »Man wird es Ihnen servieren, Sie können sich zu Tisch setzen.« Und wirklich brachte man ihr das Frühstück. »Oh, ich bleibe nicht zum Frühstück, ich lasse Sie allein, ich gehe an meinem Tisch frühstükken.« — »Auf Wiedersehen, Tier, guten Tag.« Und das Mädchen setzt sich an seinen Tisch und hat gleich alles vor sich, was sie sich nur wünschen konnte. Sie aß in Ruhe, und als sie gegessen hatte, machte sie wieder eine Runde: »Es wird mich nicht fressen«, sagte sie sich, »das Ganze muß irgend jemandem nützen. Es fehlt nicht viel, daß es eher mir nützt als einem anderen. Oh, was für schöne Sachen!« Sie mußte wieder bis acht Uhr warten, und als es acht Uhr geworden war, verlangte es sie danach, sich mit ihm zu unterhalten. Da sagte es: »Ich habe Ihnen die Zeit lang gemacht.« — »Nein, nein, ich wußte, daß Sie kommen müßten, ich hatte keine Langeweile.« Am nächsten Tag das gleiche Gespräch wie gewöhnlich, und als sie aufstehen wollte, um zu gehen: »Wollen Sie meine Frau werden?« — »Nein, Tier, oh! nicht das!« — »Ich bin sehr häßlich, nicht wahr?« — »Oh ja, Tier, Sie sind garstig, wissen Sie, ich will nicht Ihre Frau werden.« Da ging es seufzend fort, mit einem Seufzer, der den Saal erfüllte. Jeden Tag war es so. Das dauerte einige Zeit.

Schließlich, eines Tages, sagte sie, daß sie um einen Gefallen bitten wollte, daß sie sich so nach ihrem Vater sehnte, für den sie der einzige Mensch war, den er liebte, ob es sie nicht zu ihrem Vater gehen ließe: »Ich komme zurück«, sagte sie zu ihm, »ich komme zurück. Ich möchte Papa sehen, wenn Sie es mir erlauben.« — »Ach, gut, Sie brauchen nicht zu laufen. Da, ich werde Ihnen zwei Schachteln besorgen. Stellen Sie diese neben sich auf den Nachttisch, wenn Sie ins Bett gehen, und die andere nehmen Sie zu Ihrem Vater mit, stecken Sie sie in die Tasche, in Ihren Beutel, Sie nehmen sie zu Ihrem Vater mit, und wenn Sie zurück wollen, sagen Sie, daß Sie über Nacht bleiben.« — »Ja.« — »Sie stellen wieder die Schachtel neben sich auf den Nachttisch und am nächsten Morgen sind Sie hier im Bett, zu Hause, ohne etwas davon zu merken.« — »Das tue ich, ich werde Sie nicht betrügen, Sie dürfen mir glauben, daß ich es tue.« Seht ihr, und ihre Schwestern ... Unglücklicherweise erzählte sie es ihnen. Die Offenheit wird immer betrogen, in allem und um alles, die Offenheit wird betrogen. Sie erzählte es, sie erzählte es in der Familie, sie erzählte ihrem Vater, daß es ihr dies und das geschenkt hatte, daß sie so glücklich im Schloß mit dem Tier war, es dächte gar nicht daran, sie zu fressen. Sie sagte nicht, daß es sie heiraten wollte, aber daß es gar nicht daran dachte, sie zu fressen. Und die Mädchen, als sie ihnen gesagt hatte, daß sie die Schachtel dahin stellte, sagten sich: »Wir müssen ihr die Schachtel stehlen, dann bleibt sie hier, und sie macht uns den Haushalt, und wir brauchen ihn nicht zu machen ...«. Und wirklich, gesagt, getan, nehmen sie die Schachtel und verstecken sie auf dem Speicher. Als das Mädchen am nächsten Morgen nach der Schachtel greifen wollte, um zurück ins Schloß zu kommen, war keine Schachtel mehr da, sie fand sie nirgends, sie war immer noch in ihrem Bett und sie fand keine Schachtel. Da sagte sie es ihrem Vater und weinte: »Du bist zu offen, Mädchen, sie haben sie dir gestohlen, sie haben sie dir gestohlen, aber ich werde ihnen zusetzen, ich werde sie schlagen und lasse dir die Schachtel zurückgeben.« Dann suchte der Mann auf dem Speicher, durchwühlte alles. Er fand sie. »Sag nichts, und heute nacht stellst du sie auf den Tisch, sie wissen nicht, ob du sie gefunden hast, du darfst es den Faulenzerinnen nicht sagen, und du stellst sie wieder auf den Tisch.« Und sie schließt die Tür. In jener Nacht kann sie nicht fort. Das Tier wartete auf sie, das Tier wartete auf sie, aber ohne Schachtel konnte sie nicht kommen. Am nächsten Morgen griff sie nach der Schachtel und kehrte zu dem Tier zurück. Es wurde acht Uhr. Das Tier kam gar nicht. Sie weinte und so weiter, es verlangte sie nach diesem Tier, das so gut sprechen konnte, es verlangte sie nach ihm. Zu einem bestimmten Zeitpunkt war die Stunde vorbei, in der das Tier kam, sie war verzweifelt, sie wußte nicht, wohin sie gehen sollte. Sie lief durch das ganze Schloß, sie rief es: »Bist du da, Tier? Ich bin gekommen, komm!« Nichts, nichts. Schließlich, als sie müde davon war, durch das ganze Schloß zu laufen, ging sie in den Hof, um die Blumen zu bewundern. Es war heller Tag, natürlich, und da war eine große Linde, die über und über blühte und deren Äste den Boden berührten. Sie sieht etwas Schwarzes dort auf dem Boden, da geht sie hin. Versteht ihr, sie merkt, daß es das Tier war und daß es fast tot war. Da nimmt sie es bei den Händen, bei den Pfoten, und sie sagt zu ihm, daß sie gekommen ist, und daß es ihr aber nicht die Schuld geben dürfte, und daß sie ihr die Schachtel versteckt hatten. Sie erzählt ihm das ganze Unglück, das ihr passiert war, daß ihr Vater sie nach langem Suchen wiedergefunden hatte, sie zurückgebracht hatte, daß sie deswegen die ganze Zeit über fort war, und daß sie auf diese Weise gekommen war. Und das Tier, kaum daß es noch atmete, war halbtot. Und schließlich wußte sie nicht mehr, was sie sagen sollte, sie sagte: »Tier, ich will deine Frau werden!« Sie wußte nicht mehr, was sie sagen sollte, um es zu trösten. »Ich will deine Frau werden, Tier«, sagte sie zu ihm. Und kaum hatte sie das Wort ausgesprochen, da hing ihr das Tier am Arm, sie schaute es an und sagte: »Wo ist das Tier? Wo ist das Tier?« — »Ich bin das Tier.« Das war ein hübscher junger Mann. »Du hast mich erlöst, als du gesagt hast, daß du meine Frau werden willst, das habe ich gebraucht, weil die Fee, die mich in ein wildes und böses Tier verwandelt hat, zu mir gesagt hat, daß ich nur erlöst werde, wenn mich ein hübsches Mädchen zum Ehemann wählt, und du hast mich gewählt.« Und das Tier hat seine Buße beendet. Und im Schloß waren noch alle Diener; alles kam wieder in ordentlichen Zustand, wie es vorher war; es war ein Priester da, es war eine Kapelle da, es war alles da. Und er sagte: »Wenn wir wollen, können wir morgen in der Schloßkapelle heiraten.« Und sie heirateten und luden ihren Vater ein, und ihr Vater kam mit allen seinen Freunden aus dem Hochwald. Und sie heirateten und blieben im Schloß und da sind sie seitdem reich. Und ich bin vorbeigekommen. Na schön! Sie haben mich immerhin zum Essen eingeladen.

Fabre, Daniel/Lacroix, Jacques: La tradition orale du conte occitan. Les Pyrénées Audoises, Band 1. Presses universitaires de France (Publications de l'Institut d'Etudes Occitanes). Paris 1974, Nr. 10, (okzitanischer Originaltext: S. 421–426, französische Übersetzung: S. 426–431). Übersetzung ins Deutsche: Christine Shojaei Kawan.

Kommentar

Dieser Text aus Südfrankreich gehört zum Umkreis der äußerst weitverbreiteten *Amor und Psyche*-Geschichten (AaTh 425 ff.), benannt nach einer Erzählung des römischen Dichters Apuleius (2. Jahrhundert n. Chr.; *Metamorphosen* 4,28–6,24), die einen außergewöhnlich frühen Nachweis für ein Märchen darstellt. Die hier vorgestellte Kurzform (AaTh 425 C), in der anders als in den Langfassungen (s. Text 10) keine Suche nach dem verschwundenen Tiergatten stattfindet, geht auf die Feenmärchen *Histoire de la Belle et la Bête* in Madame de Villeneuves Roman *La jeune Amériquaine et les contes marins* (1740) und *La Belle et la Bête* in Madame Leprince de Beaumonts moralisierendem Kinderbuch *Magasin des enfans* (1756) zurück, ein Vorläufer ist *Le*

Mouton (1697) der Madame d'Aulnoy. Madame Leprince de Beaumonts Märchen wurde durch die billige Kolportageliteratur und Bilderbögen auch breiteren Schichten zugänglich; sehr bekannt ist die Verfilmung durch Jean Cocteau (1945).

Die Geschichte von der Schönen und dem Tier ist mündlich in fast allen Ländern Europas belegt, allerdings bedeutend seltener als die verwandten Erzählungen. Unser Text, ca. 1969 aufgezeichnet, stammt aus den Feldforschungen von Daniel Fabre und Jean Lacroix. Ihre breit angelegte Studie untersucht die Erzähltradition in den französischen Ostpyrenäen vor dem Hintergrund der geschichtlichen, sozialen und kulturellen Bedingungen und des Umbruchs in der bäuerlichen Gesellschaft. Detailliert gehen sie unter anderem auf das Repertoire der Erzähler, die Funktion der Texte, die Erzählanlässe und die Sprachsituation ein. Alle von ihnen gesammelten Texte sind in okzitanischer Sprache erzählt, die wie verschiedene andere Sprachen auf französischem Territorium (Bretonisch, Baskisch ...) seit der französischen Revolution als bäurischer Dialekt gebrandmarkt und durch eine gezielte Politik ›linguistischer Kolonialisierung‹ ins Abseits gedrängt wurde.

Das Märchen von der Schönen und dem Tier verdanken Fabre und Lacroix der 86jährigen Bäuerin Louise Cassagneau aus Nébias (damals 237 Einwohner) bei Quillan. Sie wurde nach nur vier Jahren Ehe Witwe und mußte ihre beiden Kinder allein erziehen. Eine Schule hat sie nie besucht. Vierzig Jahre lang war sie eine Dorferzählerin, die nachmittags nach der Schule die Kinder und abends die Erwachsenen mit Märchen und anderen Geschichten unterhielt; auch später, als die traditionellen Zusammenkünfte aus dem dörflichen Tageslauf verschwanden, erzählte sie immer noch gelegentlich vor alten Freunden. Vermutlich aus religiösen Gründen verzichtete sie im Alter auf die meist derberen und freizügigeren Schwänke. Ihre Version von *La Belle et la Bête* enthält, wie viele der von Fabre/Lacroix dokumentierten okzitanischen Märchen, französische Einsprengsel (»Bonsoir la Belle. — Bonsoir la Bête.«). Einige kleinere logische Unebenheiten erklären sich daraus, daß es sich um eine wortgetreue Tonbandaufzeichnung handelt; bei der schriftlichen Wiedergabe fallen sie mehr auf als beim lebendigen Erzählen. Beeindruckend ist die sehr lebhafte, unmittelbare und gänzlich unromantisierte Darstellung des Wunderbaren.

Literatur

Swahn, Jan-Öjvind: The Tale of Cupid and Psyche. Lund 1955.
Binder, Gerhard/Merkelbach, Reinhold (Hrsg.): Amor und Psyche. Darmstadt 1968.

Megas, Georgios A.: Das Märchen von Amor und Psyche in der griechischen Volksüberlieferung. Athen 1971.

Fehling, Detlev: Amor und Psyche. Die Schöpfung des Apuleius und ihre Einwirkung auf das Märchen, eine Kritik der romantischen Märchentheorie. Wiesbaden 1977.

Megas, Georgios A.: Amor und Psyche (AaTh 425). In: EM 1 (1977) 464–472.

Delarue, Paul/Tenèze, Marie-Louise: Le conte populaire français, Band 2. Paris 1964, 72–109.

BP 2, 229–273; BP 3, 37–43.

Scherf, 97–102, 289–291, 340–343, 358–364.

Zipes, Jack: Klassische Märchen im Zivilisationsprozeß. Die Schattenseite von »La Belle et la Bête«. In: *Doderer, Klaus* (Hrsg.): Über Märchen für Kinder von heute. Essays zu ihrem Wandel und ihrer Funktion. Weinheim/Basel 1983, 57–77.

5.

Die drei Spinnerinnen

Es war ein Mädchen faul und wollte nicht spinnen, und die Mutter mochte sagen, was sie wollte, sie konnte es nicht dazu bringen. Endlich übernahm die Mutter einmal Zorn und Ungeduld, daß sie ihm Schläge gab, worüber es laut zu weinen anfing. Nun fuhr gerade die Königin vorbei, und als sie das Weinen hörte, ließ sie anhalten, trat in das Haus und fragte die Mutter, warum sie ihre Tochter schlüge, daß man draußen auf der Straße das Schreien hörte. Da schämte sich die Frau, daß sie die Faulheit ihrer Tochter offenbaren sollte, und sprach: »Ich kann sie nicht vom Spinnen abbringen, sie will immer und ewig spinnen, und ich bin arm und kann den Flachs nicht herbeischaffen.« Da antwortete die Königin: »Ich höre nichts lieber als Spinnen und bin nicht vergnügter, als wenn die Räder schnurren: gebt mir Eure Tochter mit ins Schloß, ich habe Flachs genug, da soll sie spinnen, soviel sie Lust hat.« Die Mutter war's von Herzen gerne zufrieden, und die Königin nahm das Mädchen mit. Als sie ins Schloß gekommen waren, führte sie es hinauf zu drei Kammern, die lagen von unten bis oben voll vom schönsten Flachs. »Nun spinn mir diesen Flachs«, sprach sie, »und wenn du es fertig bringst, so sollst du meinen ältesten Sohn zum Gemahl haben; bist du gleich arm, so acht ich nicht darauf, dein unverdroßner Fleiß ist Ausstattung genug.« Das Mädchen erschrak innerlich, denn es konnte den Flachs nicht spinnen, und wär's dreihundert Jahr alt geworden und hätte jeden Tag vom Morgen bis Abend dabei gesessen. Als es nun allein war, fing es an zu weinen und saß so drei Tage, ohne die Hand zu rühren. Am dritten Tage kam die Königin, und als sie sah, daß noch nichts gesponnen war, verwunderte sie sich, aber das Mädchen entschuldigte sich damit, daß es vor großer Betrübnis über die Entfernung aus seiner Mutter Hause noch nicht hätte anfangen können. Das ließ sich die Königin gefallen, sagte aber beim Weggehen: »Morgen mußt du mir anfangen zu arbeiten.«

Als das Mädchen wieder allein war, wußte es sich nicht mehr zu raten und zu helfen und trat in seiner Betrübnis vor das Fenster. Da sah es drei Weiber herkommen, davon hatte die erste einen breiten Platschfuß, die zweite hatte eine so große Unterlippe, daß sie über das Kinn herunterhing, und die dritte hatte einen breiten Daumen. Die blieben vor dem Fenster stehen, schauten hinauf und fragten das Mädchen, was ihm fehlte. Es klagte ihnen seine Not, da trugen sie ihm ihre Hülfe an und sprachen: »Willst du uns zur Hochzeit einladen, dich unser nicht schämen und uns deine Basen heißen, auch an deinen Tisch setzen, so wollen wir dir den Flachs wegspinnen, und das in kurzer Zeit.« »Von Herzen gern«, antwortete es, »kommt nur herein und fangt gleich die Arbeit an.« Da ließ es die drei seltsamen Weiber herein und machte in der ersten Kammer eine Lücke, wo sie sich hinsetzten und ihr Spinnen anhuben. Die eine zog den Faden und trat das Rad, die andere netzte den Faden, die dritte drehte ihn und schlug mit dem Finger auf den Tisch, und sooft sie schlug, fiel eine Zahl Garn zur Erde, und das war aufs feinste gesponnen. Vor der Königin verbarg sie die drei Spinnerinnen und zeigte ihr, sooft sie kam, die Menge des gesponnenen Garns, daß diese des Lobes kein Ende fand. Als die erste Kammer leer war, ging's an die zweite, endlich an die dritte, und die war auch bald ausgeräumt. Nun nahmen die drei Weiber Abschied und sagten zum Mädchen: »Vergiß nicht, was du uns versprochen hast, es wird dein Glück sein.«

Als das Mädchen der Königin die leeren Kammern und den großen Haufen Garn zeigte, richtete sie die Hochzeit aus, und der Bräutigam freute sich, daß er eine so geschickte und fleißige Frau bekäme, und lobte sie gewaltig. »Ich habe drei Basen«, sprach das Mädchen, »und da sie mir viel Gutes getan haben, so wollte ich sie nicht gern in meinem Glück vergessen: erlaubt doch, daß ich sie zu der Hochzeit einlade und daß sie mit an dem Tisch sitzen.« Die Königin und der Bräutigam sprachen: »Warum sollen wir das nicht erlauben?« Als nun das Fest anhub, traten die drei Jungfern in wunderlicher Tracht herein, und die Braut sprach: »Seid willkommen, liebe Basen.« »Ach«, sagte der Bräutigam, »wie kommst du zu der garstigen Freundschaft?« Darauf ging er zu der einen mit dem breiten Platschfuß und fragte: »Wovon habt ihr einen solch breiten Fuß?« »Vom Treten«, antwortete sie, »vom Treten.« Da ging der Bräutigam zur zweiten und sprach: »Wovon habt ihr nur die herunterhängende Lippe?« »Vom Lecken«, antwortete sie, »vom Lecken.« Da fragte er die dritte: »Wovon habt ihr den breiten Daumen?« »Vom Faden drehen«, antwortete sie, »vom Faden drehen.« Da erschrak der Königssohn und sprach: »So soll mir nun und nimmermehr meine schöne Braut ein Spinnrad anrühren.« Damit war sie das böse Flachsspinnen los.

Brüder Grimm: Kinder- und Hausmärchen. Ausgabe letzter Hand, herausgegeben von *Heinz Rölleke*, Band 1. Philipp Reclam jun., Stuttgart 1980, Nr. 14, S. 97–99.

Kommentar

Dies ist eines der weniger bekannten Märchen der Brüder Grimm. Beispiele des Märchentyps (AaTh 501) finden sich in den meisten Ländern Europas, schwerpunktmäßig jedoch im Norden; besonders viele Belege weisen Irland und Finnland auf. Die beiden ältesten bekannten Versionen – in Basiles *Pentamerone* (4,4: *Le sette cotenelle*) und im *Abentheuerlichen Glücks-Topf* (1669; S. 404–406) des Johannes Praetorius – waren den Brüdern Grimm bereits bekannt, wie aus ihren Anmerkungen zu den *Kinder- und Hausmärchen* hervorgeht. Ihrer eigenen Fassung liegt ein von Paul Wigand aus dem Fürstentum Corvey mitgeteiltes Märchen zugrunde, das sie mit Zügen der von ihrer Kasseler Freundin Jeanette Hassenpflug erzählten hessischen Variante anreicherten, welche in der ersten Auflage der *Kinder- und Hausmärchen* abgedruckt worden war (s. Einführung).

Ähnlich wie im *Rumpelstilzchen*-Märchen (KHM 55; AaTh 500) nimmt die Heldin wohl oder übel, denn sie hat keine andere Wahl, die Hilfe dämonischer Wesen an, allerdings ergeben sich mit den drei Spinnfrauen keine Komplikationen, da deren Wünsche durchaus erfüllbar sind. Immerhin ist an der potentiellen Gefährlichkeit der Spinnhelferinnen nicht zu zweifeln, für den Fall, daß das Mädchen sich ihrer eben doch schämen sollte – es erweist sich jedoch dankbar, besteht die menschliche Bewährungsprobe.

Vom Arbeitsethos her gesehen ist die Geschichte eher destruktiv und kaum geeignet, zukünftigen Hausmütterchen Pflichtbewußtsein einzutrichtern. Hier könnten sich reale Hintergründe andeuten: Spinnen, von Kindesbeinen an geübt, bedeutete schwere, oft unter härtesten Bedingungen auszuführende Arbeit – war also durchaus nicht so entspannend, wie heutige Hobbyspinnerinnen es empfinden mögen –, bei Nichterfüllung des Solls drohten teilweise drastische Strafen. Äußert sich in der Erzählung vielleicht die Unlust von Bauernmädchen und -frauen, die das ewige, anstrengende ›böse Flachsspinnen‹ gründlich satt hatten und doch immer wieder 'ran mußten (zudem in der deprimierenden Gewißheit, daß allzuviel Arbeit nicht gerade schöner macht)?

BP 1, 109—115.
Scherf, 80 f., 317—323.
KHM, Band 3, 23—25 ([35]—[37]), 447 f.
Rumpf, Marianne: Spinnerinnen und Spinnen. Märchendeutungen aus kulturhistorischer Sicht. In: *Früh, Sigrid/Wehse, Rainer* (Hrsg.): Die Frau im Märchen. Kassel 1985, 59—72.

6.

Čianbolpin und Donna Kenina

Vor Jahren geschah es, daß die Gemeinde Penia keinen Hirten auftreiben konnte, der um den geringen Lohn, den die Gemeinde geben konnte, die Schafe gehütet hätte. Nach langem Herumfragen ließ sich endlich ein Bursche aus Čianačei (Canazei) herbei, dieses Amt zu übernehmen, doch stellte er die Bedingung, daß ihm ein guter Leithammel beigestellt und ein solcher Lohn gegeben werde, daß er davon leben und eine Kleinigkeit ersparen könne. Da die Gemeinde seine berechtigten Forderungen anerkannte, so wurde der Vertrag sofort abgeschlossen.

Der Bursche war sehr brav und tüchtig. Die Schafe wurden von Tag zu Tag schöner und fetter, so daß man aus jedermanns Munde nur Lobenswertes über den neuen Hirten hörte. Wie es nun der Brauch war, ging auch Čianbolpin, so hieß der neue Hirte, im Monat Juli in die Lasties mit den Schafen. Bei Tag trieb er sie auf die »Pella de Mezdi« oder auf die »Pella de Mičel«, wo das Gras zwischen den Steinen üppig emporschoß; während der Nacht und bei Ungewitter fand er Unterschlupf in den zahlreichen Höhlen jener Gegend. Da die Schafe dort Futter in Hülle und Fülle vorfanden, so blieben sie stets in seiner Nähe; er aber legte sich nieder und betrachtete die herrlichen, bizarren Zacken der Dolomiten. Eines Tages beobachtete er, als er sich wieder die Zeit mit der Beobachtung der wunderschönen Natur vertrieb, daß ein herrliches Mädchen die Wäsche auf dem Pordoi aufhing, damit sie von der Sonne gebleicht und getrocknet werde. Dies wiederholte sich mehrmals; wenn es aber nicht geschah, so kam an diesem Tag bestimmt Regen. Einmal, als er wieder das Mädchen sah, kam ihm der Gedanke, hinüberzugehen, um zu sehen, wer dort hauste. Gedacht, getan. Nach wiederholten Versuchen gelang es ihm, die Felsplatte zu erklettern und er sah noch, wie das Mädchen in eine Felsspalte verschwand. Er ging ihr nach und gelangte in einen herrlichen Saal, aber schon öffnete sich eine Seitentüre, und heraus trat das Mädchen, das ihn sofort fragte, was er hier mache. Er antwortete ihr, daß er sie schon längere Zeit beobachte und heute den Entschluß gefaßt habe, nachzusehen, wer hier hause.

»Gut, gut. Aber ich weiß nicht, was Donna Kenina sagen würde, wenn sie dich hier sehen würde. Ich glaube, es ist besser, wenn du dich hier nicht trifft, kehre daher wieder zu deinen Schafen zurück.«

Čianbolpin aber antwortete:

»Wenn deine Herrin so schön ist wie du, so werde ich sie wohl zu überreden trachten, daß sie mich bei ihr bleiben läßt.«

Das Mädchen erzählte ihm nun, daß ihre Herrin viel schöner sei als sie, doch liebe sie nicht, mit Menschen zusammenzutreffen, da sie eine Vivana sei; trotzdem werde sie sie rufen.

Bald darauf erschien die Herrin, die wirklich vieltausendmal schöner war als ihre Magd. Bald war ein Gespräch im Gange, er erzählte ihr seinen Lebenslauf und verschwieg ihr auch nicht, daß er jetzt Gemeindehirte sei. Da ihr sein offener Charakter gefiel, fragte sie ihn, ob er nicht bei ihr bleiben wolle. Er erwiderte, daß er wohl gern bei ihr bliebe, doch könne er die ihm anvertrauten Schafe nicht allein lassen, da sie leicht Schaden leiden könnten.

»Darüber brauchst du dir keine grauen Haare wachsen zu lassen, ich schicke einfach die Magd hinüber, die soll die Schafe nach Canazei hinabtreiben und dort sagen, daß sie sie droben in den Felsen ohne Hirten angetroffen habe«, meinte Donna Kenina.

»Wenn du das tun willst, dann bleibe ich sofort bei dir!« erwiderte Čianbolpin.

Hierauf rief sie ihre Magd und gab ihr den Auftrag, die Schafe nach Canazei zu treiben und dort zu sagen, daß sie sie in den Lasties ohne Hirten angetroffen und deshalb herabgetrieben habe.

Die Leute, welche Čianbolpin sehr lieb hatten, gingen sofort hinauf, um nach ihm zu suchen, da sie ein Unglück vermuteten; da sie ihn aber nicht fanden, so stellten sie einen anderen Hirten an und vergaßen ihn bald.

Čianbolpin und Donna Kenina lebten in ihrem Palast glücklich und zufrieden und dachten gar nicht, daß es je anders werden könnte. Aber mit der Zeit bekam Čianbolpin immer mehr Sehnsucht zu erfahren, wie es seinen Eltern, Verwandten und Bekannten gehen möge. Darum sagte er eines Tages zu Donna Kenina:

»Es ist schon lange her, daß ich keinen meiner Lieben in Canazei gesehen habe, darum sehne ich mich danach und möchte doch einmal mein Vaterhaus wiedersehen und meine Eltern, Verwandten und Bekannten begrüßen. Ich weiß ganz gut, daß es mir hier sehr gut geht, doch die Sehnsucht treibt mich hinab. Sei mir nicht böse und erlaube mir, einige Tage bei den Meinen bleiben zu dürfen.«

»Ich begreife deine Sehnsucht sehr gut, darum erlaube ich dir hinabzugehen, doch dürftest du keinen mehr am Leben treffen, der dich noch kennen würde«, erwiderte ihm Donna Kenina.

Trotzdem bestand Čianbolpin auf der Erfüllung seiner Bitte, und sie gewährte ihm einen zehntägigen Urlaub. Bevor er nach Canazei hinabstieg, gab sie ihm einen Ring und sagte:

»Hier hast du diesen Ring, er wird dich, wenn du ihn einmal drehst, dorthin führen, wohin du willst; solltest du aber meiner bedürfen, so ziehe ihn vom Finger und laß ihn rollen, denn er wird mich jederzeit und allerorten zu finden wissen. Nach zehn Tagen komm aber sicher wieder hierher, sonst wird es dir schlecht ergehen!« Dann nahmen sie Abschied.

Als Čianbolpin nach Canazei kam, da war er ganz erstaunt; alles sah ganz anders als ehemals. In seinem Vaterhaus, der alten Mühle von Canazei, traten ihm ganz fremde Leute entgegen und als er ihnen sagte, daß er der Sohn des Müllers sei, lachten sie ihn aus und sagten, daß schon ihr Großvater im Besitze dieser Mühle gewesen sei, er daher niemals ein Sohn des Müllers sein könne.

Auf einen Hirten, der verschwunden sein sollte, konnte sich niemand erinnern, nur ein fast hundertjähriges Weibchen bestätigte ihm, daß sie von ihren Eltern gehört habe, daß vor vielen Jahren ein Hirte verschwunden sei; an seine Eltern aber konnte auch sie sich nicht erinnern. Nun ging er noch zum Kuraten, um im Tauf- und Sterbebuch nachzusehen, was darin über ihn geschrieben sei, und er überzeugte sich, daß seit der Zeit seines Verschwindens über hundert Jahre verflossen waren. Darum dachte er, daß es doch am besten sei, sofort zu Donna Kenina zurückzukehren.

Da die Zeit der Alpenmahd war, so schloß er sich einer Gruppe Mäher an. Da diese in Mortič einkehrten, ging auch er mit ihnen ins Wirtshaus, das gesteckt voll Burschen und Mädchen war. Als gesprächsweise die Frage aufgeworfen wurde, wer wohl die schönste Frau habe, wäre es bald zu einer Rauferei gekommen, da fast jeder die schönste haben wollte. Anfangs lächelte Čianbolpin nur, endlich aber rief er aus:

»Die allerschönste Frau habe ich, wer will eine Wette mit mir eingehen?«

Sofort legte sich der Streit und die Wette kam zustande. Wenn unter den Frauen von Canazei nur eine schöner sei als seine, so solle er zehn Pazeiden Wein zahlen müssen, sonst aber würden sie gemeinsam diese zahlen, so lautete die Wette. Sofort schickten die Männer um ihre Frauen, Čianbolpin aber schickte den Ring um Donna Kenina. Es dauerte nicht lange, da erschien die Magd, die dem Čianbolpin den Ring zurückbrachte und ihm sagte, daß ihre Herrin nicht kommen wolle und er sofort heimkehren solle. Er aber antwortete, daß er hier bleibe und verlange, daß Donna Kenina sofort hierher komme.

Unterdessen kamen immer mehr Frauen von Canazei herauf. Als schon fast alle erschienen waren, da wurde die Türe geöffnet und herein trat Donna Kenina. Ein Ruf der Verwunderung entschlüpfte allen Anwesenden; Donna Kenina aber trat auf Čianbolpin zu, nahm ihm den Ring vom Finger und verließ die Wirtsstube, ohne ein Wort zu sprechen.

Sowohl Männer wie Frauen mußten beschämt zugeben, daß die Frau des Čianbolpin die schönste sei. Sofort brachte der Wirt den Wein, doch Čianbolpin konnte sich des Erfolges nicht recht freuen, denn er besaß den Ring nicht mehr, den Wegweiser zu Donna Kenina.

Als alles sich über den Wein hermachte, schlich er sich aus der Stube und ging fort, in der Hoffnung, doch den richtigen Weg in die Höhle zu finden, nach Pečedač.

Er verirrte sich aber im Walde und mußte sich, da er nirgends ein Haus sah, unter einer Fichte niederlegen. Er war gerade im Begriffe einzuschlafen, da hörte er etwas unterhalb seiner Schlafstelle reden; er kroch bis zum Rande des Felsens und sah, wie drei Räuber vor einer Höhle saßen und das geraubte Geld zählten.

Da der Hunger ihn sehr plagte und er sah, daß die Räuber mit Eßwaren wohl versorgt waren, so entschloß er sich, zu ihnen hinabzusteigen. Als sie ihn sahen, fragten sie ihn, was er hier wolle, worauf er ihnen erzählte, daß er sich verirrt und daß er großen Hunger habe; auch habe er sich ihnen als Genossen auf ihren Unternehmungen anbieten wollen.

Die Räuber antworteten ihm:

»Da du groß und stark bist, so wollen wir dich als Genossen aufnehmen, doch merke dir, wenn wir nur das mindeste bemerken, daß du uns verraten willst, so bist du sofort eine Leiche. Wir lassen nicht mit uns spaßen. Nun setze dich zu uns!«

Auf jenem Platz, wo er sich hinsetzen wollte, lag ein alter, zerfetzter Mantel, den er über die Felsen hinabwerfen wollte.

Noch rechtzeitig verhinderte dies einer der Räuber und sagte:

»Da hättest du etwas Schönes angestellt. Dieser Mantel ist für uns unendlich viel wert. Wer sich in diesen Mantel wickelt und ausruft: Ui dahin! oder: Ui dorthin! der wird windschnell dorthin getragen, wohin er will.«

»Viel Wunderbares habe ich in meinem Leben bereits gesehen, doch so etwas kann es auf der Welt nicht geben. Ihr haltet mich mit diesem alten Fetzen doch nur zum Narren«, sagte Čianbolpin.

»Nun, wenn du es nicht glauben willst, so wirst du es in einigen Stunden selbst sehen; einstweilen labe dich an diesen Speisen, damit du uns morgen tatkräftig unterstützen kannst«, meinte einer der Räuber.

Als Čianbolpin sah, daß den Räubern die Erzählung über den Mantel ernst war, da bat er so lange, bis man ihn mit dem Mantel einen Versuch machen ließ, doch mußte er versprechen, sofort, sobald sie ihn riefen, zurückzufliegen. Er wickelte sich in den zerlumpten Mantel und rief:

»Ui in die Höhe!«

Und sogleich war er hoch über den Räubern, dann wandte er sich nach rechts, dann wieder nach links. Da er keine Anstalten machte, zurückzukehren, so riefen ihm die Räuber zu, er solle wieder herabsteigen. Er aber kümmerte sich nicht um ihre Zurufe, sondern sagte:

»Ui nach Pordoi!«

Da es bereits dämmerte, so hegte er die Hoffnung, daß er den Eingang zur Wohnung der Donna Kenina auffinden werde. Er umflog den Felsen, doch konnte er nirgends die Spalte erspähen. Da er schon müde war, so wollte er sich auf einer Felsplatte niederlassen, während des Herabfliegens sah er aber in der Felswand eine hölzerne Türe; sofort flog er dorthin, öffnete sie und gelangte so in eine Küche, in der ein außerordentlich häßliches Weib mit der Zubereitung des Frühstücks beschäftigt war. Durch den plötzlichen Eintritt Čianbolpins wurde das Weib sehr erschreckt und hätte bald die Muspfanne fallen lassen; doch bald hatte sie ihre Selbstbeherrschung wieder erlangt und sagte:

»Was fällt dir ein, hierher zu kommen? Wenn mein Mann, der Orko (= wilder Wind), heimkommt und dich hier trifft, so zerreißt er dich in viele Stücke; darum gebe ich dir den guten Rat, kehre sofort zurück, woher du gekommen bist!«

Čianbolpin beruhigte sie und versicherte ihr, daß er nicht die geringste Furcht vor dem Orko habe, wohl aber verspüre er einen Wolfshunger, darum bat er sie um ein Frühstück.

Sobald der Orko komme, werde er sich schon in einem Winkel verstecken, damit sie seinetwegen keine Unannehmlichkeiten habe.

Die Alte gab sich mit dieser Erklärung zufrieden und setzte ihm Speise und Trank vor, bis er genug hatte.

Gegen Abend setzte er sich auf einen Stein und spähte nach dem Eingang zur Höhle der Donna Kenina aus, denn es war ein prachtvoller Tag und sicherlich hatte auch heute die Magd der Vivana die Wäsche zum Trocknen aufgehängt. Plötzlich erhob sich ein fürchterlicher Sturm, der, wie er sofort erriet, die Ankunft des Orko anzeigte, darum lief er in die Küche und versteckte sich hinter einem Kasten. Bald darauf trat auch der Orko in die Küche, schaute um sich, schnüffelte mit der Nase und meinte:

»Hier riecht es nach Schimmel und nach Moder und nach getauftem Fleisch, wer ist in dieser Küche?«

»Ich!« antwortete Čianbolpin und trat furchtlos hervor.

»Wie heißt du und was machst du hier?« fragte ihn der Orko.

»Mein Name ist Čianbolpin und ich bin hierher gekommen, um dich um Arbeit zu bitten. Nimm mich als Knecht auf, ich werde dir treu und redlich dienen, daß du gewiß mit mir zufrieden bist«, antwortete Čianbolpin. Worauf ihm der Orko lachend erwiderte:

»Wiesen und Felder, geschweige denn Vieh besitze ich nicht, bei meiner Arbeit aber wirst du mich kaum unterstützen können, denn bei mir muß einer fliegen können, andere Leute kann ich nicht brauchen.«

Natürlich beeilte sich Čianbolpin zu erklären, daß er auch fliegen könne, worauf der Orko zufrieden zu ihm sagte:

»Morgen werden wir nach Pečedač fliegen, um einige Bäume, die einen ständigen Zankapfel zwischen Gries und Canazei bilden, zu entwurzeln. Bei dieser Gelegenheit kannst du zeigen, was du kannst, einstweilen bleibe bei mir.«

Am nächsten Tag wickelte sich Čianbolpin in den Mantel und flog mit dem Orko nach Pečedač. Da er aber viel früher als der Orko an Ort und Stelle war, ging er sofort an die Arbeit und sagte:

»Ui auf die Spitze!« und sofort war der Baum entwurzelt; so flog er von Baum zu Baum. Als der Orko endlich ankam, rief er dem Čianbolpin zu:

»Um Gotteswillen, hör auf! Hör auf! Du hast ja schon den halben Wald entwurzelt. Wenn du es so weitertreibst, so verfluchen uns die Grieser und Kanazeider derart, daß es unser Ruin ist!

Das muß ich dir aber zugestehen, du verstehst die Arbeit des Windes bald besser als ich. Nun fliegen wir nach Hause, denn unser Tagwerk hast du schon alleine vollbracht.«

»Ui nach Hause!« sagte Čianbolpin und schon stand er vor der Türe, der Orko aber kam erst viel später dort an.

Am Abend sagte dieser:

»Lieber Čianbolpin, wir werden drei Rasttage halten müssen, denn es steht uns eine große und schwere Arbeit bevor. Donna Kenina sieht ihrer Niederkunft entgegen und sobald sie im Bett ist, müssen wir ihre Zimmer auslüften und ausfegen. Eigentlich hat sie mir verboten, Fremde mitzubringen, aber ich bin schon alt und du verstehst deine Sache so gut, daß ich entgegen ihrem Befehl handle und auch dich mitnehme. Doch mußt du dich stets ganz knapp hinter mir halten, damit sie dich nicht sieht. Willst du mitgehen?«

Selbstverständlich war Čianbolpin damit einverstanden, denn er dachte, so werde er Donna Kenina wiedersehen.

Wie verabredet, flog der Orko am dritten Tag zur Felsspalte, wo Donna Kenina hauste, knapp hinter ihm hielt sich Čianbolpin, um ja nicht den Weg zu verfehlen. Auf das Heulen des Orko öffnete die Magd die Felsspalte, sowie alle Fenster und Türen, dann kam sie wieder zum Orko zurück und sagte:

»Jetzt kannst du mit deiner Arbeit anfangen.«

Nun fing der Orko an zu blasen, zu fauchen und zu heulen und durchflog ein Zimmer nach dem anderen und fegte jedes Staubkörnchen aus der Wohnung. Čianbolpin folgte ihm auf dem Fuße, als er aber im letzten Zimmer Donna Kenina krank im Bett liegen sah, flog er unter das Bett und ließ den Orko allein weiterziehen.

Außerhalb der Höhe angelangt, schaute sich dieser nach Čianbolpin um, da er ihn aber nirgends sah, so glaubte er, daß sein Knecht sich bereits nach Hause begeben habe. Als er ihn aber auch dort nicht antraf, dachte er, daß Čianbolpin sich unterdessen sonst irgendwohin begeben habe, ihn gar für ganz verlassen habe.

Unterdessen machte es sich Čianbolpin unter dem Bett der Donna Kenina möglichst bequem, um sich von der anstrengenden Arbeit auszuruhen. Er war gerade im Begriff einzuschlummern, als er durch Kindergeschrei aufgeweckt wurde. Er blickte verstohlen aus seinem Versteck hervor und sah, wie die Magd ein schönes kleines Kind aus der Wiege hob und beruhigte, hierauf legte sie es wieder in die Wiege zurück, dann ging sie in die Küche und brachte eine große Schüssel Strauben herein und legte sie auf ein Tischchen neben dem Bett der Donna Kenina. Diese aber sagte zur Magd:

»Es ist doch schade, daß mein lieber Čianbolpin nicht hier ist; ich hätte ihm den Ring nicht wegnehmen sollen, denn er war mir doch immer folgsam, und wegen dem einen Mal, das er mir nicht gehorchte, war es doch herzlos von mir, ihn so in die Welt hinauszustoßen. Wie glücklich wären wir jetzt, und das Kind hätte den Vater hier. — Wo mag er jetzt nur sein?«

»Hier!« rief Čianbolpin unter dem Bett heraus und kroch sofort hervor, umarmte seine Frau, küßte sein Kind, setzte sich dann am Bettrand nieder und erzählte ihr seine Erlebnisse, dann umarmte er sie nochmals und küßte sie fast zu Tode.

von Rossi de S.ta Juliana, Hugo: Märchen und Sagen aus dem Fassatale. Herausgegeben von *Ulrike Kindl.* Istitut Cultural Ladin »majon di fašegn«, Vigo di Fassa 1984, Nr. 2 (deutsche Fassung: S. 50–58, ladinische Vorlage: S. 61–69).

Kommentar

Das Gegenstück zur Suche der Frau nach dem verschwundenen Tiergatten (Text 10, s. auch Text 4) bildet die Suche des Manns nach seiner verlorenen Frau (AaTh 400), ein Märchen, von dem es in Europa, vor allem in Irland, Deutschland und in den nördlichen Ländern, eine Fülle von Aufzeichnungen gibt und das sich darüber hinaus von der Türkei bis in den Fernen Osten sowie in die frankoamerikanische und mexikanische Überlieferung verfolgen läßt. Die vorliegende Sonderform, eine eigentümliche Verbindung dieses Märchens mit dem Sagenthema von der Liebe eines irdischen Mannes zu einer Fee (ein bekanntes Beispiel ist die Melusinensage), ist bereits im ausgehenden 14. Jahrhundert in einem später als Volksbüchlein popularisierten epischen Gedicht, dem italienischen *Cantare di Liombruno,* nachzuweisen und existiert unter anderem in (besonders nord-)italienischen, rätoromanischen und kroatischen Varianten. Märchentypisch sind in unserer Geschichte zum Beispiel das glückliche Ende (bei einer Sage wäre schlechter Ausgang zu erwarten) und Erzählelemente wie der wunderbare Reisemantel, die Hilfsbereitschaft der Frau des Ungeheuers und die Spürnase des Riesen, der ›getauftes Fleisch‹ riecht; charakteristisch für die Sage ist die Ansiedlung des Geschehens in einer vertrauten Gegend, vor allem aber das Motiv des lange währenden, aber als kurz empfundenen Aufenthalts in der Jenseitswelt, nach dem der Betroffene meist stirbt oder dem Wahnsinn verfällt. (In einer anderen Ausprägung des Motivs von der Relativität der Zeit ist das Verhältnis umgekehrt: Jahre sind in Momenten komprimiert.)

Die weibliche Hauptfigur, Donna Kenina, gehört zu den Vivane, regionalen

Feengestalten, die Hugo de Rossi, dem unser ladinisches Märchen zu verdanken ist, folgendermaßen beschreibt: »Die Vivane [...] sind den Menschen wohlgesinnt und trachten, ihnen jederzeit behilflich zu sein. Sie leben meistens in Wäldern, seltener an Bächen. [...] [Sie] kamen häufig ins Wirtshaus von Pečé und tanzten mit den Burschen bis zum Aveläuten. [...] Die Vivane sind duftige, fast durchsichtige schöne Weiber, die bis zum Ende der Welt leben [...]« (p. 169). In einer sehr ähnlichen kroatischen Variante ist die Heldin eine schöne Bergvila, genannt »die Frau vom Berge«.

Unsere Erzählung aus dem Trentiner Fassatal basiert auf einer Erzählung des Pfarrers Don Brunel aus der Mitte des 19. Jahrhunderts; sie war in ladinischer Sprache abgefaßt. Heute wird das Ladinische, das mit dem Rätoromanischen und dem Friaulischen verwandt ist, von etwa 30 000 Dolomitenbewohnern gesprochen; es zerfällt in zahlreiche Dialekte, eine allgemein verbindliche Schriftsprache gibt es bislang nicht. Hugo de Rossi, der die Überlieferungen seines Heimattals zusammengetragen hat, übersetzte die Erzählung in den ersten Jahren unseres Jahrhunderts ins Deutsche und bearbeitete sie; er hat Dialogformen, die die Originalfassung weitgehend beherrschen, stark reduziert und den Stil dem Zeitgeschmack angepaßt; zum Beispiel könnte die Wendung »und betrachtete die herrlichen, bizarren Zacken der Dolomiten« auch einer Reisebeschreibung aus den Anfängen des Fremdenverkehrs mit seiner Dolomitenbegeisterung entnommen sein.

Literatur

BP 2, 318−335, bes. 322 f.
Scherf, 234−241, bes. 237 f.
Fiocchi, A.: Liombruno. Salzburg 1977.
Röhrich, Lutz: Erzählungen des späten Mittelalters und ihr Weiterleben in Literatur und Volksdichtung bis zur Gegenwart, Band 1. Bern/München 1962, 27−61, 243−253 (zur Feenliebe), 124−145, 274−280 (zur Relativität der Zeit).
Ting, Nai-tung: Years of Experience in a Moment: A Study of a Tale Type in Asian and European Literature. In: Fabula 22 (1981) 183−213.

7

Die lustigen Weiber

Es standen einmal drei Häuser in einer Reihe, Wand an Wand nebeneinander. In dem einen wohnte ein Schneider, im andern ein Tischler und im dritten ein Schmied. Alle drei Männer waren verheiratet und ihre Frauen waren die besten Freundinnen miteinander. Sie erzählten sich oft, was sie doch für dumme Männer hätten, aber nie konnten sie darüber einig werden, welche von ihnen den dümmsten Mann habe; jede einzelne war überzeugt und sagte ihrer müsse es sein.

Die drei Frauen gingen jeden Sonntag miteinander in die Kirche, da hatten sie unterwegs die beste Gelegenheit zum Schwätzen und Klatschen und nach der Kirche fanden sie sich wieder in einem Wirthshaus, welches gleich in nächster Nähe lag, und da tranken sie immer ein Seidel »Guten« miteinander. Das eine war bei ihnen so sicher als das andere. Und es war gerade zu der Zeit, da ein Seidel Branntwein drei Schillinge kostete, so daß auf jede der Frauen ein Schilling traf. Aber da schlug der Branntwein auf einmal auf und der Wirth sagte, daß das Seidel von nun an vier Schillinge koste. Das war ihnen sehr unangenehm, denn sie waren nur ihrer drei, die sich in den Preis des Getränkes theilten, und so war immer ein Schilling zu wenig, denn keine wollte herausrücken und den vierten Schilling daraufbezahlen.

Am Heimweg von der Kirche besprachen sie sich darüber und machten miteinander aus, daß diejenige, deren Mann der dümmste sei und sich den ärgsten Schabernack von seiner Frau spielen lasse, vom nächsten Sonntag an künftig nichts mehr zu bezahlen brauche und daß jede der beiden andern dann immer zwei Schillinge hergeben müsse zu ihrem Sonntags-Schnaps.

Am nächsten Tag sagte die Schneidersfrau zu ihrem Manne: »Ich habe für heute Mädchen zum Wollezupfen hieherbestellt, denn es ist ein ganzer Haufen zu verarbeiten, so daß wir uns ordentlich tummeln müssen. Es ist mir aber recht unangenehm, daß unser Kettenhund todt ist. Wenn es nun gegen Abend geht, so kommen natürlicherweise die jungen Burschen dahergelaufen und wollen ihren Jux mit den Mädchen treiben, so daß wieder gar nichts geschieht. Hätten wir nur einen recht bissigen Hund, der sollte uns die Kerls schon vom Leibe halten.« »Ja«, sagte der Mann, »das wäre freilich recht gut gewesen.« »Höre, Männchen!« fuhr die Frau fort, »du könntest gewiß selbst den Kettenhund machen und die Burschen von dem Hause verscheuchen.« Aber das glaubte er denn doch nicht, daß er könnte, er wolle ihr sonst alles andere gerne zu Gefallen thun. »O, du wirst schon sehen, daß es ganz gut geht«, sagte die Frau, und gegen Abend hüllte sie ihn in einen wolligen Pelz ein, zog ihm eine dunkle Wollmütze über den Kopf und hängte ihn mit der Hundskette unten bei der Hundehütte an. Da stand er nun und knurrte und bellte jeden an, der sich in der Nähe hören ließ. Und das thaten meistens die Nachbarsfrauen, die ihren Spaß mit ihm hatten.

Am andern Tag war der Tischler außer Haus arbeiten gegangen und kam ganz vergnügt zu seiner Frau heim — da schlug sie die Hände über dem Kopf zusammen und rief: »Um des Himmels willen! — Aber Mann, wie siehst du denn aus? — Männchen, du bist ja krank!« Davon wußte er selbst aber nicht das geringste; höchstens schien es ihm, daß er recht hungrig sei und nothwendig etwas zum Essen brauche. Darum setzte er sich an den Tisch und begann sogleich zu essen, aber seine Frau, welche ihm gegenüber mit gefalteten Händen saß, schüttelte das Haupt und schaute ihn ganz bekümmert an. »Männchen, es wird immer schlimmer mit dir!« sagte sie, »nun bist du schon ganz bleich; man sieht es dir ganz deutlich an, daß eine schwere Krankheit in dir stecken müsse.« Jetzt wurde er selbst schon ängstlich, es war ihm am Ende doch nicht ganz gut. »Es ist wirklich schon die höchste Zeit, daß du dich ins Bett legst«, sagte die Frau und brachte ihn dazu, daß er sich niederlegte. Dann deckte sie alle Decken auf ihn, die sie nur im ganzen Hause finden konnte, und gab ihm Fliederthee und Brechwasser ein und er fühlte sich immer elender und kränker. »Du wirst diese Krankheit nicht mehr überstehen können«, sagte die Frau, »ich fürchte immer, daß du vor mir stirbst.« — »Glaubst du wirklich?« fragte der Tischler. »O ja, das kann auch leicht sein, denn ich fühle mich schon schrecklich elend.« Bald darauf sagte sie: »Nun muß ich von dir scheiden. Der Tod ist schon da. Und jetzt muß ich dir die Augen zudrücken«, und das that sie auch. Der Tischler, der ja alles glaubte, was seine Frau sagte, glaubte auch das, daß er nun todt war. Und er blieb ruhig liegen und ließ alles mit sich machen, was seine Frau nur wollte.

Sie holte dann ihre Nachbarinnen herüber und sie halfen ihr ihn in den Sarg zu legen, — es war einer, den er selbst gemacht, — aber die Frau hatte Löcher hineingebohrt, damit er doch Luft schöpfen konnte; — sie richtete ihm sein Lager darin recht weich und gut, legte eine Decke auf ihn und faltete ihm die Hände über die Brust, aber statt einer Blume oder einem Gebetbuch gab sie ihm eine Seidelflasche mit Branntwein in die Hand. Als er kurze Zeit so dagelegen, machte er einmal einen Schluck aus der Flasche, dann noch einen und wieder einen, und es schien ihm recht gut zu thun, denn er schlief darauf ein und träumte, daß er schon im Himmel sei.

Inzwischen hatte man es im ganzen Orte erfahren, daß der Tischler gestorben sei und andern Tags begraben werden sollte. — Was that aber unterdes die Frau des Schmieds? — Sie ging hinein zu ihrem Mann und zog ihm, während er da lag und einen Rausch ausschlief, das Hemd herunter und schmierte ihn vom Scheitel bis zur Zehe pechschwarz an und ließ ihn lang in den Tag hineinschlafen, bis die Leute, die dem Tischler das Geleit geben wollten, sich schon alle versammelt hatten und ihn im Sarge bereits zur Kirche trugen. Da kam die Schmiedefrau zu ihrem Manne hereingestürzt und rief: »Aber Mann, liegst du denn noch da? du verschläfst dich ja und weißt doch, daß du mit zur Leiche gehen mußt.« Der Schmied fuhr ganz verwirrt auf, denn er wußte gar nichts von einer Leiche. »Unser Nachbar Tischler«, sagte die Frau, »ist es ja, der heute begraben wird und der Leichenzug ist schon am halben Weg zur Kirche.« — »Nun ja«, sagte der Schmied, »so tummle dich halt und hilf mir meine schwarzen Kleider anzuziehen!« — »Papperlapapp!«, sagte die Frau, »die hast du ja schon an, schau' nur, daß du endlich weiter kommst!« Ja da schaute sich der Schmied an und bemerkte, daß er bedeutend schwärzer sei, als er sonst zu sein pflegte; dann packte er schnell seinen Hut und lief zur Thüre hinaus dem Leichenzug nach, der schon ganz nahe bei der Kirche war. Der Schmied wollte als ein guter Nachbar natürlicherweise mit dabei sein und den Sarg tragen helfen, darum lief er dem Zuge nach und rief so laut er konnte: »He da! wartet ein wenig, und laßt mich auch tragen helfen!« Die Leute im Zug blickten sich um und sahen die schwarze Gestalt dahergelaufen kommen und glaubten, es sei der Teufel in eigener Person, welcher den Tischler davontragen wolle. Da warfen sie den Sarg weg und machten sich schleunigst auf die Beine. Mit diesem »Plumps« sprang aber der Deckel vom Sarg und der Tischler erwachte und schaute heraus. Er erinnerte sich an alles wieder und wußte, daß er todt sei und begraben werden sollte. Er erkannte den Schmied und sagte mit schwacher Stimme: »Lieber Nachbar! wenn ich nicht schon gestorben wäre, müßte ich mich jetzt zu Tode lachen, so wie du zu meiner Leiche kommst!«

Von dieser Zeit an brauchte die Tischlersfrau am Sonntag nichts mehr für das Seidel zu bezahlen, denn das mußten alle zugestehen, daß sie ihren Mann am ärgsten zum Narren gehalten hatte.

Dänische Volksmärchen. Nach bisher ungedruckten Quellen erzählt von *Svend Grundtvig*. Übersetzt von Willibald Leo. Verlag von Joh. Ambr. Barth, Leipzig 1878, S. 70–76.

Kommentar

Die Wette, wer wohl den dümmsten Ehemann hat (AaTh 1406), war bereits im Mittelalter ein beliebtes Beispiel für Frauenlist (s. Text 16). Die meisten literarischen Bearbeitungen des Stoffs stammen aus dem 13. bis 16. Jahrhundert: aus der französischen Fabliauliteratur, der italienischen Novellistik, den deutschen Schwankbüchern. Berühmte Autoren haben sich seiner angenommen, so der Nürnberger Schuhmacher-Poet Hans Sachs, der spanische Dramatiker Tirso de Molina (dessen Komödien eine Vorliebe für gewitzte und gewandte Frauengestalten zeigen, s. Text 2) und der französische Dichter Jean de La Fontaine.

In der schriftlichen wie in der mündlichen Überlieferung variieren die Streiche der Frauen, zum Beispiel kann eine Frau ihrem Mann einreden, er sei ein Mönch, und ihn ins Kloster schicken oder ihn zu einer Predigt in der Kirche veranlassen. Während in den Fassungen aus Nord- und Mitteleuropa meist die Frauen einfach wetten, wer den dümmsten Ehemann hat, können sie sich in den Versionen aus dem Mittelmeerraum und dem Vorderen Orient nicht über einen gefundenen kostbaren Gegenstand einigen und rufen einen Schiedsrichter an. In der nördlichen Gruppe werden die Frauen zum Schluß oft verprügelt, in der zweiten ist der Schiedsrichter manchmal mit der Fundsache verschwunden. Der Schwerpunkt der nördlichen Erzählungen liegt auf der Zurschaustellung der bodenlosen Dummheit der Ehemänner, in der südlichen Gruppe wird diese Dummheit noch dazu zum Ehebruch ausgenutzt.

Sicher wollten hier Männer, die ja Träger dieser Überlieferung waren, kaum die Schlauheit der Frauen loben. Die Geschichte diente als Beispiel, um vor weiblicher Bosheit zu warnen. So wurden auch einige Streiche als Einzelepisoden in Sammlungen mittelalterlicher Predigtexempla aufgenommen, etwa in die *Sermones vulgares* (Nr. 231) des Jacques de Vitry (13. Jahrhundert). Doch wurden die Frauen nicht lächerlich gemacht, der Spott galt immer den Ehemännern. Vom 15. Jahrhundert an wurde die Geschichte mit einem weiteren Ratschlag an die Männer versehen: Sie sollten lieber das Trinken lassen, damit ihnen solche Geschichten nicht passierten.

Der abgedruckte Text ist von dem dänischen Folkloristen Svend Grundtvig, dem Sohn des berühmten Theologen und Volkserziehers N.F.S. Grundtvig, aus verschiedenen, in der ersten Hälfte des 19. Jahrhunderts aufgezeichneten dänischen Varianten zusammengestellt worden. Der Anlaß der Wette – die Bezahlung des Schnapses – findet sich auch sonst in der dänischen Überlieferung. S. Grundtvig erstellte eine umfangreiche Liedsammlung, organisierte die Aufzeichnung und die Archivierung dänischer Folklore und leistete Vorarbeiten zur Klassifizierung von Märchen.

Literatur

Raas, Francis: Die Wette der drei Frauen. Beiträge zur Motivgeschichte und zur literarischen Interpretation der Schwankdichtung. Bern 1983.
Bédier, Joseph: Les fabliaux. Paris (1893) ⁵1925, 265–271, 458.
Pino-Saavedra, Yolando: Wette der Frauen, wer den Mann am besten narrt (Aa Th 1406). In: Fabula 15 (1974) 177–191.

8

Der Dreiäugige und die Tochter
des Holzhauers

Es war einmal ein Holzhauer, der hatte drei Töchter. Er hatte auch drei Esel, und mit diesen brachte er Holz zu Markte, und so nährte er sich und die Kinder. Allein dies reichte nicht aus, und er war sehr betrübt, daß er nie so viel erübrigen konnte, ihnen eine Kleinigkeit mit nach Hause zu bringen. Eines Tages jedoch gelang es ihm, Geld genug für ein Kopftuch zu erübrigen, und die Töchter freuten sich sehr, als sie es sahen, und die Älteste wollte es umbinden. Sie tat dies also und setzte sich an das Fenster des Stübchens, welches auf die Gasse hinausging. Dort erblickte sie ein vorübergehender Landmann und sie gefiel ihm sehr. Er erkundigte sich daher bei den Nachbarinnen, ob sie noch unverheiratet wäre, und als er hörte, daß dem so sei, bat er sie, für ihn um das Mädchen zu werben; und wenn sie auch nichts hätte, er kehre sich nicht daran; er nehme sie, wie sie stehe und gehe. Die Eltern waren natürlich mit diesem Antrag sehr zufrieden und gaben sie ihm.

Als nun das Mädchen in das Haus ihres Mannes kam, wie war da dieser so glücklich! Er übergab ihr hundert und einen Schlüssel und sagte ihr, sie könne hundert Zimmer öffnen, das hunderteinte aber solle sie nicht aufmachen, denn es wäre ganz leer. »Kurzum«, sprach er, »da der Schlüssel dir doch nichts nütze ist, so gib ihn mir lieber zurück«, und sie gab ihn. Die andern Zimmer aber öffnete sie und sah darin große Schätze und erstaunte darüber sehr. Als sie jedoch dieselben genug angestaunt, so fragte sie sich, warum ihr wohl so gewaltige Reichtümer anvertraut worden wären, das eine Zimmer dagegen nicht; sie wollte daher auch in dies hineingehen. Sie gab deshalb eines Tages acht, wo ihr Mann den Schlüssel hinlegte, nahm ihn dann fort und öffnete das Zimmer. Sie sah sich darin um und sah nichts als vier leere Wände und einen großen Kasten, überdies aber auch ein Fenster, das auf die Straße ging. »Da seh' Einer einmal meinen Mann!« sprach sie, »wozu hat er wohl das Fenster da auf die Straße hinaus? Damit ich aber nicht hinaussehe, hält er das Zimmer verschlossen.« Sie setzte sich also an das Fenster, hatte aber nicht lange gesessen, so sah sie eine Leiche vorüberkommen; dieser folgten jedoch weder weinende Anverwandte noch sonst wer, weshalb die junge Frau selbst zu weinen anfing, bei dem Gedanken, daß es ihr auch so gehen würde, da ihr Mann niemand von ihrer Familie zu ihr lassen wollte. Als nun die Leiche beerdigt und die Leute fort waren, sah sie, wie ihr Mann auf den Begräbnisplatz kam und dort sein Kopf so groß wurde wie ein Scheffel, und in dem Kopfe hatte er drei Augen, seine Hände wurden so lang, daß sie die ganze Welt zu umfassen schienen, mit ellenlangen Nägeln an den Fingern, und dann fing er an, den Leichnam auszugraben und zu verzehren. Bei diesem Anblick tat sie sich Gewalt an, bis sie die volle Gewißheit hatte, daß er ihn wirklich verzehrte; dann aber wurde sie von einem heftigen Fieberschauer ergriffen und mußte sich zu Bett legen.

Nach langer Zeit kehrte der Mann nach Hause, ging seiner Gewohnheit nach in das verschlossene Zimmer, schaute sich um und bemerkte die Spuren von Schritten. »Oho!« rief er aus, »was ist das? meine Frau muß wohl hier gewesen sein und wahrgenommen haben, was ich ihr verborgen hielt!« Er legte dann in den Kasten das, was er mitgebracht hatte, die Haut, die Gebeine und die Haare, und sah sich demnächst noch genauer um, so daß er auch das offne Fenster erblickte. Er machte es zu und sprach: »Ich will doch einmal sehen, was sie zu mir sagen und ob sie es mir gestehen wird.« Er ging also zu ihr und fand sie mit drei Decken zugedeckt, weil das Fieber sie noch schüttelte, und als sie ihn kommen sah, wurde dies infolge ihrer großen Furcht noch stärker. Da sprach er zu ihr: »Was fehlt dir denn, liebe Frau! bist du krank?« — »Ach«, antwortete sie, »ich werde sterben!« und indem sie dies sagte und ihn ansah, verkroch sie sich vor lauter Angst unter die Decken. Da sprach jener wieder: »Sag' mir doch, soll ich vielleicht deine Mutter holen?« — »Ach ja, lieber Mann, wenn du so gut sein willst«, versetzte die Frau. Er ging hinaus, verwandelte sich in ihre Mutter und trat in dieser Gestalt wieder zu der Kranken hinein. Als solche sagte er zu ihr: »Was hast du denn, du Ärmste? Dein unbarmherziger, liebloser Mann peinigt dich wohl den ganzen Tag über? Sprich, Tochter, was hat er dir getan, daß du so krank bist?« — »Er hat mir nichts getan«, antwortete die junge Frau, »ich bin von selbst krank geworden.« — »Liebe Tochter«, fuhr die angebliche Mutter fort, »du hast so viele Reichtümer, gib mir doch auch etwas davon, damit ich mein und der Meinigen Leben friste.« — »Nein, liebe Mutter, ich kann nicht«, versetzte die junge Frau, »aber wenn mein Mann kommt, so bitte ihn um etwas, denn ich selbst darf nichts fortgeben.« Als der Mann nach längerer Zeit sah, daß seine Frau immer das nämliche wiederholte, stand er auf, grüßte und ging fort. Nachdem er indes seine eigentliche Gestalt wieder angenommen hatte, kam er zurück und sprach: »Wie geht es dir, liebe Frau, ist deine Mutter hier gewesen?« — »Weißt du das nicht, lieber Mann?« antwortete sie, »sie hat ein paar Groschen von mir verlangt, denn sie ist in großer Not; da du aber nicht da warst, habe ich ihr nichts gegeben.« — »Warum hast du das getan?« sprach jener; »bist du denn nicht Herrin im Hause?« — »Nein«, antwortete die Frau, »du hättest ihr etwas geben müssen und nicht ich.« Schließlich sprach er zu ihr: »Soll ich dir deine andern Verwandten holen?« — »Ach ja, lieber Mann«, sprach die, »tu' das.« Auf diese Weise nun ging es mit allen den übrigen Verwandten, bloß die Großmutter war noch übrig; deshalb sagte er: »Willst du auch deine Großmutter?« — »Ach ja«, erwiderte sie, »hole mir doch meine gute Großmutter.« Da ging er hinaus und kam nicht lange darauf als ihre Großmutter mit all ihren Schlauheiten wieder. Sobald aber die junge Frau sie erblickte, rief sie: »Grüß dich Gott, liebe Großmutter, grüß dich Gott! Komm, liebes Großmütterchen, und laß dir meine Leiden erzählen.« — »Sprich, Töchterchen«, antwortete die Alte, »sprich und erzähle mir, was der unbarmherzige Mensch dir antut.« Da fing denn die junge Frau ihre Geschichte an, was für eine Gestalt sie ihren Mann hatte annehmen und was sie ihn hatte tun sehen. Als sie damit ganz fertig war, stieß der Mann ein lautes Geschrei aus und zugleich wurde er wieder der Dreiauge, ganz so wie sie ihn unter den Gräbern gesehen. »O du Bestie!« rief er aus; »ich habe die Gestalt aller deiner Verwandten angenommen, und du hast dich nicht täuschen lassen; deiner Großmutter allein aber wolltest du das Geheimnis mitteilen, daß ich der Dreiauge bin? Hättest du es bewahrt, so hätte ich dich nicht aufgefressen; so aber mußt du dran und kommst nicht lebendig aus meinen Händen.« Als sie nun sah, wie die Sache stand und daß sie kein Erbarmen zu erwarten hatte, so verließ sie das Bett und machte sich zur Flucht bereit. Inzwischen ging Dreiauge hin und zündete ein großes Feuer an, dessen Flamme bis zum Himmel emporzüngelte; dann nahm er einen Bratspieß und machte ihn glühend, ging darauf zu seiner Frau und sprach zu ihr: »Sei so gut und komm, denn der Bratspieß erwartet dich. Was soll ich tun, da ich doch einmal geschworen habe, dich auf diese Weise zu töten und zu verzehren? sonst hätte ich dich verschlungen. — »Vergib, Herr«, antwortete sie; »ich gehöre dir ja doch zu jeder Zeit; darum flehe ich dich an, laß mich noch zwei Stunden am Leben, bis ich gebetet und Buße getan habe, und dann verzehre mich.« Hierauf ging sie hin, nahm die Schlüssel zu jenem Zimmer, und nachdem sie es geöffnet, sprang sie durch das Fenster auf die Heerstraße. Dort lief sie immer fort, um jemand zu finden, der sie rette, und so traf sie einen Kärner, den sie um Gottes und ihrer selbst willen beschwor, sich doch ihrer zu erbarmen und sie aus den Händen eines Dreiäugigen, der sie verfolgen und fressen wolle, zu erretten oder doch wenigstens ihr zu sagen, wie sie sonst Rettung finden könne; übrigens trage sie viel Geld bei sich, und das wolle sie ihm alles geben. »Wohin soll ich dich tun, um dich zu retten, liebes Frauchen?« antwortete der Kärner; »der Dreiäugige würde mich und mein Pferd sicherlich auffressen. Aber laufe weiter, so wirst du einen Kameltreiber des Königs treffen; der kann dich retten.« Da lief sie denn aus Leibeskräften weiter, bis sie den Kameltreiber einholte, welchen sie dann ebenso um Rettung von dem Dreiäugigen anflehte. Wirklich auch erbarmte er sich ihrer, nahm einen Ballen Baumwolle von dem Kamel herab und versteckte sie darin.

Inzwischen hatte der Dreiäugige den Bratspieß gehörig glühend gemacht und rief dann: »Heda, wo bist du? Komm her, es ist Zeit!« Da aber die junge Frau nicht kam, so suchte er sie überall, fand sie jedoch nirgends. Endlich sah er das offene Fenster, sprang hinaus wie er stand und ging, und nachdem er sich rechts und links umgesehen, lief er die Heerstraße entlang. Als er den Kärner erblickte, rief er ihm zu: »Heda, Kärner! warte ein bißchen, ich will dich und dein Pferd auffressen.« Alle, die ihn auf der Landstraße sahen, starben entweder vor Schreck oder fielen in Ohnmacht; der arme Kärner aber hielt an, da er den Zuruf des Dreiäugigen hörte. Dieser sagte dann zu ihm: »Hast du nicht eine junge Frau vorbeilaufen sehen? Sprich!« — »So wahr Gott lebt, ich habe nichts gesehen, Herr!« antwortete jener, »aber laufe weiter, so wirst du einen Kameltreiber antreffen, der hat sie vielleicht gesehen.« Der Dreiäugige lief weiter und rief den Kameltreiber an, sobald er ihn gewahr wurde, worauf dieser stehen blieb und der Dreiäugige dann die nämliche Frage an ihn richtete. »Ich weiß nichts, ich habe nichts gesehen«, antwortete der Treiber. Da kehrte der Dreiäugige wieder um und sagte: »Ich will doch noch einmal zu Hause ordentlich suchen, vielleicht finde ich sie.« Als er dort angelangt war und sie wieder nicht fand, überlegte er bei sich und sprach: »Ich will den glühenden Bratspieß mitnehmen und bei dem Kameltreiber noch einmal genaue Nachsuchung halten.« Er nahm daher den Bratspieß auf die Schulter, sprang wieder zum Fenster hinaus und rief dem Kameltreiber zu, nachdem er ihn von neuem eingeholt: »Heda, Kameltreiber! warte ein bißchen, ich will noch einmal genauer nachsehen.« Der Kameltreiber und die junge Frau waren vor Angst dem Tode nahe, auch jeder andere, der den Dreiäugigen mit dem Bratspieß sah, machte vor Furcht die Augen zu, denn man konnte den Anblick desselben nicht ertragen. »Rasch!« sagte er zu dem Treiber, »lade unverzüglich alle Ballen von dem Kamele ab«, und der arme Treiber mußte gehorchen, denn konnte er anders? Da stieß der Dreiäugige den glühenden Bratspieß in einen Ballen nach dem andern, wobei er natürlich auch zu dem kam, in welchem seine Frau versteckt war. »Jetzt ist's gut«, sprach er endlich, als er durch war, »du kannst nun weiterziehen!« Sobald er sich entfernt hatte, fragte der Kameltreiber die junge Frau, wie es ihr ergangen wäre und ob der Dreiäugige sie mit seinem Bratspieß getroffen hätte. »Freilich wohl«, antwortete sie, »er hat mich an den Fuß ganz ordentlich getroffen, doch habe ich den Bratspieß mit Baumwolle abgewischt, so daß keine Blutspuren daran sichtbar waren.« — »Laß es gut sein!« sagte der Treiber, »der König ist ein freundlicher Mann, und wenn ich dich zu ihm bringe, so wird er dich heilen lassen.« Der Kameltreiber langte in dem königlichen Schloß an und packte seine Ballen im Hofe ab, den aber, worin die junge Frau verborgen war, brachte er in die Stube, wo er schlief, obwohl in demselben Hofe. Als die

Mägde dies sahen, so meinten sie, er wolle ihn stehlen und setzten den König davon in Kenntnis, der den Treiber alsbald vor sich kommen ließ und ihn fragte, warum er jenen Ballen Baumwolle versteckt hätte. »Gott erhalte dich lange Jahre!« antwortete der Treiber, »ich wollte den Ballen nicht stehlen, sondern die Sache hat ihren eigenen Grund, den ich dir mitzuteilen beabsichtigte. An dem Tage nämlich, wo ich die Baumwolle hierherholte, verfolgte ein Dreiäugiger eine junge Frau, die er auffressen wollte, und aus Mitleid versteckte ich sie in dem Ballen, jetzt befindet sie sich also hier in deinem Schlosse«; und stehenden Fußes brachte er den Ballen in die Gegenwart des Königs, trennte ihn auf und ließ die junge Frau hervorkommen. Als diese den König erblickte, verbeugte sie sich vor ihm und flehte ihn an, es doch nicht bekannt werden zu lassen, daß die von dem Dreiäugigen verfolgte Frau in seinem Schlosse eine Zufluchtsstätte gefunden. »Was fürchtest du, meine Liebe?« sprach der König, »was kann er dir in meinem Palaste Böses zufügen?« Hierauf ließ er seinen Arzt holen, der ihr den Fuß verband. Sobald sie wiederhergestellt war, bat sie, man möchte ihr eine Verrichtung zuweisen, damit sie nicht müßig gehe, und sagte auf die Frage, was sie verstünde, daß sie sticken könne; zugleich verlangte sie ein Stück weißen Sammet, Seide, Perlen und Goldfäden, worauf sie alsbald den König auf seinem Throne und mit der Krone auf dem Haupte zu sticken begann. Da sie mit der Arbeit fertig war und sie dem König überreichte, geriet er außer sich vor Erstaunen über die Kunst derselben, und sagte deshalb eines Tages zu der Königin: »Eine bessere Schwiegertochter als dieses junge Frauenzimmer könnten wir nicht finden; was macht es aus, daß sie nicht von königlichem Geblüte ist? Ist sie sonst geschickt und verständig, so sagt sie mir zu; was denkst du davon?« — »Tu' wie du willst, Herr«, erwiderte die Königin, »ich bin damit einverstanden.« Alsbald ließen sie die junge Frau holen und sagten ihr, was sie vorhätten. Da fing sie an zu weinen und sprach: »Wie könnet ihr daran denken, dies zu tun? Mein Glück wäre zwar groß, wenn jedoch der Dreiäugige das hört, dann frißt er mich und euren Sohn auf. Wollet ihr aber gleichwohl eure Absicht ausführen, so lasset einen sieben Treppen hohen Oberstock bauen, am Fuße der untersten Treppe eine Grube machen und diese dann mit einer Matte zudecken, auch alle Treppen mit

Talg einschmieren; endlich wäre es auch gut, wenn die Hochzeit ganz heimlich des Nachts gehalten würde, so daß niemand außerhalb etwas davon vernähme.« Jedoch es kam anders; das Gerücht von der Hochzeit verbreitete sich von Mund zu Mund, und auch dem Dreiäugigen kam es zu Ohren, daß der Sohn des Königs sich mit seiner Frau verheirate. Sobald er dies hörte, ließ er eine Anzahl Mohren in Säcke kriechen und zog mit diesen als Kaufmann verkleidet nach dem Schlosse des Königs, wo er des Nachts gerade zu der Stunde ankam, als man sich zum Hochzeitsmahl niedersetzte. Da die Braut ihn unter den Tischgästen erblickte, erkannte sie ihn sogleich und gab der Schwiegermutter einen Wink, daß man ihn befragen solle, was für Ware er mitgebracht habe. Er antwortete, er führe Pistazien und Aleppo, getrocknete Aprikosen und Kastanien. Kaum hörte dies die Braut, so bestand sie darauf, einige von diesen Früchten zu kosten, weil sie ein unbesiegbares Verlangen danach trüge. Er aber sprach zu den Leuten: »Ich bitte um Nachsicht für jetzt; habet Geduld bis morgen früh, und dann sehr gerne.« Als der Lustigmacher des Königs, der auch bei Tisch saß, dies hörte, stieg er ohne Verzug hinab und wollte einige von diesen Früchten aus den Säcken holen, um die Braut zufrieden zu stellen. Indem er sich nun einem derselben näherte, sprach der darin verborgene Schwarze: »Ist es Zeit, Herr?« Ebenso ging es bei allen übrigen Säcken, weshalb er ohne Verzug in den Hochzeitssaal zurückkehrte und dort berichtete, daß in allen Säcken Menschen verborgen wären. Kaum hatte die Braut dies vernommen, so befahl sie, daß man den Kaufmann zwingen solle, trotz der Nacht hinunterzugehen und die Säcke zu öffnen; dieser aber, der da sah, daß seine List entdeckt sei, machte sich davon und war nirgends mehr zu finden. Man ging also hinunter, und zwar in Begleitung des Henkers, und als man zu dem ersten Sacke kam, sagte eine Stimme von innen: »Ist es Zeit?« — »Jawohl!« antwortete man, und sobald der Schwarze herauskam, ward ihm der Kopf abgeschlagen, und ebenso geschah es mit allen übrigen. Hierauf sagte der König zu der Braut: »Habe nun keine Furcht mehr, liebe Schwiegertochter, es ist geschehen, wie du wünschtest, und alle Gefahr ist vorüber.« Inzwischen war die Schlafzeit herangekommen und die Hochzeitsgäste gingen zu Bett, sowie auch alle anderen Bewohner des königlichen Palastes. Kaum aber war jedermann zur Ruhe, so nahm Dreiauge seine wahre Gestalt an und ging hinauf in das Zimmer der Braut, um sie herabzuholen und zu verzehren, wobei er etwas Erde von einem Grabe auf den Bräutigam streute, damit er nicht aufwache.

Als die junge Frau ihn an ihrem Bette sah, stieß und kneifte sie ihren Lagergenossen, damit er aufwache, aber umsonst. Schließlich packte sie der Dreiäugige und sprach zu ihr: »Sei doch so gut und stehe auf, liebe Frau, der Bratspieß erwartet dich. Was soll ich machen, da ich einmal geschworen habe, dich gebraten zu verzehren? Sonst würde ich dich hier gleich auf der Stelle verschlingen.« Hierauf nahm er sie bei der Hand und fing an, mit ihr die Treppen hinabzugehen. Als sie die ersten drei hinter sich hatten, sprach sie zu ihm: »Ich bitte dich, gehe voran, denn ich habe Furcht.« Er gab ihr nach, damit sie kein Geräusch mache und die andern nicht aufwecke, sonst hätte er sie gepackt. Als sie sich aber auf der untersten Treppe befanden, hielt sich die junge Frau mit der einen Hand so fest sie konnte an dem Geländer an und gab zugleich mit der andern dem Dreiäugigen einen solchen Stoß, daß er infolge des Talgs ausglitt und in die Grube fiel, wo sich ein Löwe und ein Tiger befanden, die ihn zerrissen. Die Furcht aber, welche die junge Frau in dem Augenblick empfand, wo sie dem Dreiäugigen den Stoß gab, denn sie sprach zu sich selbst: »Wenn er nicht in die Grube gefallen ist, so wird er gleich wieder heraufkommen und mich fressen!«, hatte so auf sie gewirkt, daß sie der Länge nach ohnmächtig auf die Treppe niederfiel. Als es nun Tag wurde und der König nebst der Königin aufgestanden war, so warteten sie, bis das junge Ehepaar gleichfalls aufstünde, allein dies geschah nicht. Da sprach die Königin: »Ich will doch einmal sehen, was sie machen«, und fand ihren Sohn dem Anschein nach tot, die junge Frau aber ohnmächtig auf der Treppe. Der auf der Stelle herbeigerufene Arzt brachte jedoch beide rasch wieder zur Besinnung, worauf die Königin sie fragte, wie sie denn in einen solchen Zustand geraten wären, und die junge Frau ihr alles berichtete, was sich bei Nacht zugetragen hatte. Alsdann gingen sie nach der Grube, um zu sehen, was aus dem Dreiäugigen geworden war, und sie kamen gerade hin, als die wilden Tiere ihn eben ganz aufgefressen hatten. Nun erst wurde eine fröhliche Hochzeit gehalten, welche unter großem Jubel vierzig Tage und ebenso viele Nächte dauerte, und wo wir die Gäste gelassen haben, als wir hierher kamen.

Griechische und Albanesische Märchen. Gesammelt und übersetzt von
J[ohann] G[eorg] v[on] Hahn, Band 2. Georg Müller Verlag, München/
Berlin 1918 (erw. Neudruck der Ausg. Leipzig 1864), Nr. 117, S. 225−235
(= *Liebrecht, Felix:* Cyprische Märchen. In: Jahrbuch für romanische und
englische Literatur 11 [1870], 345−386, hier 345−354).

Kommentar

Die Märchen vom Mädchenmörder sind in ganz Europa und auch in Nord-
und Mittelamerika nachzuweisen und existieren in mehreren Spielarten:
Die verbreitetere ist *Fitchers Vogel* (AaTh 311), benannt nach der Fassung
der Brüder Grimm (KHM 46), in Frankreich allerdings überwiegen die
Fassungen des Blaubart-Typus (AaTh 312), dem die Erzählung *La Barbe
bleue* (1697) von Charles Perrault seinen Namen gegeben hat. In *Fitchers
Vogel* raubt ein Hexenmeister hintereinander drei Schwestern und ermordet
die beiden älteren. Die kluge Jüngste, die vorsichtiger agiert, findet die Toten
in der verbotenen Kammer, erweckt sie wieder zum Leben und schmuggelt
sie in einem Korb voll Gold, den der Hexenmeister selbst zu ihren Eltern
trägt, nach Hause; dann wälzt sie sich in Honig und Federn (s. Text 3) und
entflieht unerkannt. Im Blaubart-Märchen ist die Heldin, die mit einem
reichen, aber unheimlichen Mann mit blauem Bart verheiratet wird, auf die
Hilfe ihrer Brüder angewiesen, die sie in letzter Sekunde befreien. Der
blutrünstigen Geschichte fügt Perrault in verharmlosender Manier zwei
Moralverschen hinzu: 1. (weibliche) Neugier kann die schlimmsten Folgen
zeitigen (Monsieur Perrault scheint die Verschleierung des Übels, einerlei ob
es um Verbrechen oder psychologische Schwierigkeiten geht, in Ordnung zu
finden; die Leichen sollen also im Keller bleiben); 2. kein Grund zur Panik,
heutzutage − so Perrault − gebe es solche fürchterlichen Ehemänner nicht
mehr.
Die Neugier der Frau tadelt auch Ludwig Bechstein in seinem *Märchen vom
Ritter Blaubart (Deutsches Märchenbuch* [1845, ¹³1857], Nr. 70); die Brüder
Grimm haben ihre Blaubart-Fassung (1812) wegen der Nähe zu Perrault
schon in der zweiten Auflage (1819) wieder ausgeschieden, bedauerlicher-
weise, denn ihr Text ist logischer und geschlossener und kommt ohne
ablenkende Moralmäntelchen aus.
Mit den Märchen vom Mädchenmörder thematisch verwandt sind die in

Europa und Amerika verbreiteten Mädchenräuberballaden und die Märchen vom Räuberbräutigam (AaTh 955, KHM 40; vgl. auch AaTh 956 B). Über den Ursprung des Märchens gibt es verschiedene Spekulationen, er wurde unter anderem im griechischen Mythos (Interpretation des Leichenzehrers als Totengott, der sich an den Leichen seiner Opfer sättigt) und in mittelalterlichen keltischen Überlieferungen von mörderischen Ehemännern gesucht, andere meinten sogar ein historisches Vorbild für die Blaubartgestalt heranziehen zu können: Gilles de Rais (Retz; 1404–40), ehemaliger Kampfgefährte der Jeanne d'Arc, soll in Verbindung mit satanistischen Riten eine große Zahl von Kindern entführt, gefoltert und umgebracht haben; später wurden ihm auch Frauenmorde zugeschrieben.

Für unsere Blaubart-Versionen (Texte 8, 17) aufschlußreicher ist aber ein Märchen des Basile (3,1: *Cannetella*): Eine widerspenstige Prinzessin will sich »nie einem lebenden Manne unterthänig machen, es sei denn, daß er einen Kopf und Zähne von Gold habe« (s. Text 17). So gerät sie in die Gewalt eines Zauberers, wird von ihm als Gefangene gehalten und entgeht nur knapp dem Tod; schließlich befreit sie sich mit Hilfe eines Schmieds, der sie nach Hause bringt. Der Zauberer will sich rächen, er versenkt die Bewohner des Schlosses in einen Zauberschlaf, aus dem sie im letzten Moment durch einen glücklichen Zufall erwachen und Cannetella retten können. Wie in unserem zyprischen Textbeispiel und anderen griechischen und italienischen Varianten wird hier der Mädchenmörder nicht im eigenen Hause vernichtet, sondern erst nach einer langen Flucht- und Verfolgungsepisode.

Die List des Dreiäugigen, gedungene Killer in Säcken einzuschmuggeln, erinnert an die Geschichte von Ali Baba und den vierzig Räubern (AaTh 676 + 954) aus *Tausendundeinenacht*, wo der als Kaufmann verkleidete Räuberhauptmann seine Kumpane in Ölschläuchen versteckt – ein altes Motiv aus dem Nahen Osten, das in ähnlicher Form auch in verschiedenen Räuberbräutigam-Märchen vorkommt. Kannibalismus-Motive sind kennzeichnend für eine ganze Reihe anderer griechischer sowie italienischer, spanischer, türkischer, rumänischer und südslavischer Mädchenmörder-Varianten. In der zyprischen Erzählung ist die Gestalt des Mädchenmörders, der als dreiäugiger Leichenzehrer erscheint, besonders grauenerregend. Daß der Unhold Leichen frißt und sich in die Großmutter der jungen Frau verwandelt, berichtet auch eine Fassung aus Palästina.

Unsere zyprische Variante entstammt einer Landesbeschreibung, dem dritten Band der *Kypriaká* des Athanasios A. Sakellarios (Athen 1868): Während der erste Band der Geographie und der zweite der Geschichte Zyperns gewidmet ist, befaßt sich der dritte mit dem griechischen Dialekt der Insel;

als Sprachproben erscheinen neben Liedern, Sprüchen und Sagen acht
Märchen, die Felix Liebrecht, der auch das *Pentamerone* des Basile ins
Deutsche übertragen hat, übersetzte.

Literatur

Heckmann, Emil: Blaubart. Ein Beitrag zur vergleichenden Märchenfor-
schung. Diss. Heidelberg 1930.
Herzog, Josef: Die Märchentypen des »Ritter Blaubart« und »Fitchervogel«.
(Diss. Köln 1929) Würzburg 1937.
Suhrbier, Hartwig: Blaubarts Geheimnis. Märchen und Erzählungen,
Gedichte und Stücke. Köln 1984, Einleitung, 11–79.
BP 1, 398–412, vgl. 370–375.
Scherf, 21–25, 124–127, vgl. 303–305.
Voretzsch, [C.]: Blaubart. In: Handwörterbuch des deutschen Märchens,
hrsg. von *Lutz Mackensen.* Berlin/Leipzig 1930/33, 266–270.
Delarue, Paul: Le conte populaire français, Band 1. Paris 1957, 182–199.
Ranke, Kurt: Ali Baba und die vierzig Räuber (AaTh 676 + AaTh 954). In:
EM 1 (1977) 302–311.

9.

Stiefmutter und Stieftochter

Es war einmal eine Mutter, die hatte eine leibliche Tochter, die
stand bei weitem der Stieftochter an Schönheit nach. Das
Weib war stets ihrer Stieftochter neidisch und aufsässig,
verhöhnte sie bei jeder Gelegenheit und sagte ihr zu guter Letzt
einmal: »Verlaß, du Scheusal, mein Haus und geh wohin du willst.«
– Die Stieftochter klaubte nun auf dies Geheiß, ihre Siebensachen
zusammen und zog fort aus dem väterlichen Heime. Als sie so auf

dem Wege gieng, fand sie in einem Graben einen Kater, der war schon halb verwest, richtete sich aber bei ihrem Anblick auf und fragte sie, wohin sie gehe, und sie antwortete ihm, sie ziehe in die Welt. Hierauf versetzte der Kater: »Ich gehe mir dir.« — Sie nahm ihn in ihre Gesellschaft. Wie die Zwei weiter giengen, trafen sie einen Hund, der fragte sie ebenso wie der Kater, ob er mit dürfe. Auch ihn nahm sie mit. Dann stieß sie auf einen Hahn, auch der gieng mit. So giengen ihrer vier immer weiter und weiter und kamen zu einem verwunschenen Schloß. Als sie dort eingekehrt, bat die Stieftochter die Leute, die sie dort antraf, ob man ihr und ihrer Gesellschaft eine Herberge gewähren wolle, und man gab ihr zur Antwort: »Wie könnten wir dir eine Herberge gewähren, die wir leider selbst im Schlosse nicht über Nacht bleiben dürfen, weil jede Nacht hier Geister herumpoltern.« Doch sie entgegnete, man möge ihr nur gestatten, daß sie übernachte, sie hoffe mit Gottes Hilfe vor jedem Zauberspuck gefeit zu sein. Also erlaubte man ihrs. Die Stieftochter bezog nun mit ihren Tieren ein Zimmer und legte sich in einen Winkel. Schon um die eilfte Nachtstunde fieng das Gepolter an, und um Mitternacht erschienen die Geister bei ihr im Zimmer. Als sie von ihnen bemerkt wurde, sprach sie einer aus ihrer Mitte an, woher sie komme und wohin sie des Weges ziehe. Bisher hieß das Mädchen den Kater miauen, den Hund bellen und den Hahn krähen, um die Zeit sich zu vertreiben, jetzt befal sie ihnen sich ruhig zu verhalten, und erzählte den Geistern, wie sie heißt, wie sie von der bösen Stiefmutter von Haus und Hof verjagt worden und wie sie jetzt in der Welt des Leides Fülle ertragen muß. Hierauf entgegnete ihr der Geist: »Du brauchst dich nicht zu fürchten, nimm die Schlüssel, die dort an der Wand hängen, die sollen von nun an dein Eigentum sein, begib dich mit ihnen in den Keller und nimm dir das Gold, das in dem und dem Fasse aufgespeichert liegt.« — Das Mädchen nahm die Schlüssel, und holte das Gold, ganz so wie ihrs der Geist befohlen. In der Früh kamen die Herren des Schlosses ins Zimmer im sicheren Glauben sie als Leiche zu finden. Doch wer malt ihre Überraschung, als sie sie frisch und gesund und zudem so reich wiederfanden! — Sie erzählte ihnen, wie die Geister erschienen, sie ausgefragt und die Kellerschlüssel gegeben. Hierauf verabschiedete sie sich von den Leuten und trat mit dem Golde den

Rückweg in ihr Vaterhaus an. Als sie nach Haus gekommen, wurde sie von der Stiefmutter angeherrscht: »Nun, du Scheusal, was bist denn wieder zurück?« — Wie erstaunte sie aber und wie weh tat ihr das Herz als sie die Stieftochter so reich sah, und ihre ganze Reiseerlebniße erfuhr. Sogleich rief sie ihre Tochter bei Seite und sagte: »Geh auch du, mein herziges Kind fort in die Welt, du wirst auf jeden Fall mehr Glück haben, als dieses Scheusal hier.« — Die Tochter folgte dem Befehle der Mutter und zog fort in die Welt. Auch sie fand auf dem Wege wie ihre Stiefschwester, die drei Tiere, stieß sie aber mit Fußtritten von sich weg und wollte keines mit sich nehmen. Auf einmal sah sie sich gleichfalls vor jener verwunschenen Burg, bat um eine Herberge, so wie es ihre Stiefschwester getan, und wurde gleichfalls aufgenommen. Als Mitternachts die Geister erschienen und sie fragten, woher sie kommt und wohin sie geht, antwortete sie trotzig: »Was kümmerts euch?« — Da ergriffen sie die Geister, und zerrissen sie in tausend kleine Stücke, nur den Kopf ließen sie ganz und legten ihn mit dem Gesichte nach Außen gekehrt auf ein Fenster im zweiten Stockwerke. Als ihre Mutter nach langem, langem Warten die Tochter nicht heim kehren sah, machte sie sich selbst auf, um sie in der Welt aufzusuchen. Nach langer Irrfahrt gelangte sie vor jenes verwunschene Schloß und bemerkte am Fenster ihrer Tochter Kopf, war darüber hocherfreut und sprach mit sich selbst: »Siehst es, deine Tochter ist doch glücklicher, als jenes Scheusal von einer Stieftochter.« — Wie sie aber ins Schloß und in den zweiten Stock kam, fieng sie bitterlich an zu weinen, denn sie hatte jetzt niemand mehr auf der ganzen lieben Welt, als sich selbst und den Kopf ihrer Tochter.

Sagen und Märchen der Südslaven. Zum großen Teil aus ungedruckten Quellen von *Friedrich S. Krauß, Band 2. Verlag von Wilhelm Friedrich, Leipzig 1884, Nr. 77, S. 145—147.*

Kommentar

Geschichten von dem guten und dem schlechten Mädchen (AaTh 480) – oft Stiefschwestern – sind fast in allen Teilen der Welt überliefert. Von ungefähr 1000 vor 30 Jahren untersuchten Fassungen kommen zum Beispiel etwa 50 aus Afrika, und ebenfalls 50 Texte sind allein für Japan nachgewiesen. Bei uns sind das Grimmsche Märchen *Frau Holle* (KHM 24) und Ludwig Bechsteins *Die Goldmaria und die Pechmaria (Deutsches Märchenbuch* [1845, ¹³1857], Nr. 11) am bekanntesten. Die ältesten Belege stammen aus recht verschiedenen Ecken Europas: Eine unvollständige Fassung ist in einem lateinisch-tschechischen Manuskript aus der Mitte des 14. Jahrhunderts zu finden, eine komplette Version erscheint 1595 in George Peeles Märchenkomödie *The Old Wives' Tale*, es folgen 40 Jahre später die Bearbeitungen von Basile (*Pentamerone* 3,10: *Le tre ffate*; 4,7: *Le dose pizzelle*; vgl. auch 5,2: *Li mise*) und Ende des 17. Jahrhunderts die Fassung von Perrault (*Les fées*).

Die Geschichte von den ungleichen Mädchen hat vielerlei Formen. Aus dem Frau Holle-Märchen ist geläufig, daß die Schwestern durch einen Brunnen in die Unterwelt gelangen; sie können aber auch verlorenen Gegenständen nachlaufen, die in einem Fluß wegschwimmen, ohne irgendwelche Begegnungen direkt zu übernatürlichen Wesen kommen und bei ihnen im Haushalt arbeiten. In solchen Fällen beginnt das Märchen manchmal mit dem Mord des guten Mädchens an der eigenen Mutter, wozu es von der Nachbarswitwe, ihrer späteren Stiefmutter, angestiftet wird – eine auch in anderen Märchen vorkommende Einleitung. In der Brunnen- wie in der Fluß-Gruppe ist das dämonische Wesen, zu dem das Mädchen gelangt, vorwiegend eine Frau. Doch endet der Dienst bei ihr nicht immer so wie im Grimmschen Märchen von der eher harmlos wirkenden Frau Holle, die je nach Fleiß und Faulheit ihre Gaben verteilt. Die Übernatürlichen sind oft gefährlicher; die das Mädchen unterwegs um Hilfe bittenden Gegenstände, Pflanzen und Tiere erhalten eine Funktion: Das Mädchen muß fliehen, und sie helfen ihm, der dämonischen Gestalt zu entkommen. Ist der Aufenthalt beim jenseitigen Wesen mit dem Verbot verbunden, einen bestimmten Raum zu betreten (s. Text 8), dann bricht die Heldin das Tabu und stiehlt daraus Kostbarkeiten.

Unsere Geschichte, bei der die Gespenster-Episode an das Märchen vom Fürchtenlernen (AaTh 326, KHM 4) erinnert, steht einer Gruppe von Versionen nahe, in der die von zu Hause vertriebene Stieftochter in ein einsames Haus oder eine verwunschene Mühle gerät. Nachts verlangen männliche Unholde (Riesen, Vampire, Teufel) Einlaß, die sie sich mit Hilfe dankbarer Tiere — meist Hund, Katze, Hahn — vom Leibe hält. Auf deren Rat gibt sie vor, sie könne erst dann die Tür aufmachen, wenn die Dämonen verschiedene wertvolle Gegenstände (Geld, Kleider usw.) herbeigeschafft haben, und zwar so lange, bis der Spuk beim Hahnenschrei verschwindet. Der Stiefschwester mißlingt die Nachahmung, da sie unfreundlich zu den Tieren ist; sie wird von den Übernatürlichen getötet. Die Versionen schließen mit der Suche der Mutter nach ihrer Tochter. Diese Form des Märchens ist vor allem in Nord-, Ost- und Südosteuropa verbreitet. Zum Beispiel wurden allein in dem Kreis Blagoevgrad in Südwestbulgarien zwischen 1978 und 1979 mehr als 40 Varianten aufgeschrieben; hier sind die das Mädchen als Braut begehrenden Dämonen die mit dem Volksglauben verbundenen Karakondžeri (Geister der Vodici, der Rauhnächte), Vampire und Teufel.

Unsere Erzählung wurde dem Herausgeber Friedrich S. Krauß von Matija Valjavec mitgeteilt, einem gebürtigen Slovenen, der als Gymnasiallehrer in Kroatien (Varaždin und Zagreb) arbeitete. Er widmete sich linguistischen und folkloristischen Studien und gab 1858 eine der ersten kroatischen Märchensammlungen heraus. Einen großen Teil seines Materials erhielt er von seinen Schülern und deren Eltern. Krauß, ein in Wien wirkender jüdischer Philologe und Folklorist, Sohn einer kroatischen Mutter und eines deutschen Vaters, war — zusammen mit Hnatjuk (s. Text 10) — einer der ersten, der sich auch mit erotischen Erzählungen befaßte. Vorwürfen, daß er die publizierten südslavischen Volksüberlieferungen keineswegs treu übersetze, sondern sich als dichtender Nacherzähler betätige, hielt er entgegen, daß sich bei fast allen Aufzeichnern unbewußt »Rückwirkungen anderweitig in ihr Inneres eingedrungener Bildungselemente« (Bd. 2, XVI) zeigten, die wieder auszuscheiden er als seine Aufgabe ansah. Gleichzeitig hielt er sich aber für »unbedingt berechtigt«, »zuweilen echt volkstümliche Redewendungen und Aussprüche« (Bd. 2, XVIII) einzuflechten.

Literatur

Roberts, Warren E.: The Tale of the Kind and the Unkind Girls. AA-TH 480 and Related Tales. Berlin 1958.
Ders.: The Special Forms of Aarne-Thompson Type 480 and Their Distribution. In: Fabula 1 (1958) 85—102.
BP 1, 207—227.
Scherf, 115 f., 128—133.
Daskalova, L./Dobreva, D./Koceva, J./Miceva, E.: Narodna proza ot Blago-

evgradski okrŭg (Novi zapisi). (Sbornik za narodni umotvorenija i narodopis, Band 58). Sofija 1985, 428—430.

Rumpf, Marianne: Frau Holle. In: EM 5 (1987) 159—168 (zur Gestalt der Frau Holle).

10.

Die Frau des Natternmenschen

Es waren einmal ein Mann und eine Frau, die hatten nie Kinder gehabt. Sie beteten und baten Gott, er möchte ihnen doch ein Kind schenken. Aber nie bekamen sie eins. Einmal fegte die Frau die Hütte aus, und da lag in der Ecke eine kleine Natter. Da sprach sie bei sich: Mein Gott, warum gibst du mir nicht wenigstens so ein Kind wie diese Natter dort?

Ehe sie sich umgedreht hatte, rief die Natter:

»Nehmt mich, Mütterchen, und gebt mir Kleidung, denn ich bin nackt.«

Da hob die Frau das Tier auf. Ihr Mann war nicht zu Hause, und so wußte er nichts. Als er nach Hause kam, erzählte sie ihm erfreut, daß sie nun einen Jungen hätten. Der Mann wollte das Tierchen fortwerfen, weil es doch eine Natter war, aber die Mutter wollte es nicht mehr hergeben.

»Wenn es groß wird, wird ein richtiger Bursche daraus.«

Da gab er Frieden, und das Tier wuchs auf. Einmal sagte es zur Mutter, es wolle zu den Kindern spielen gehen. Die Mutter aber meinte:

»Wohin willst du gehen? Bist doch eine Natter. Die Kinder werden dich schlagen.«

Die Mutter ließ es schließlich gehen, aber die Kinder liefen vor ihm davon, bewarfen es mit Erdklumpen, und jeder schrie, es wäre doch eine Natter. Da kam es nach Hause und beschwerte sich bei der Mutter. Die Mutter aber sagte zu ihm:

»Siehst du, habe ich dir nicht gesagt, du sollst nicht gehen!«

Die Kinder gingen in die Schule, und das Tierchen sagte, es wolle auch gehen. Seine Mutter überlegte, kaufte ihm ein Heft, eine Tafel, alles, was es brauchte, um in die Schule zu gehen. Es besuchte die Schule einige Zeit und lernte sehr gut. Drei Jahre ging es zur Schule. Das Tier war nun schon ein junger Bursche, der zu den Mädchen und in die Schenke ging.

Eines Tages beschloß er zu heiraten und um die Zarentochter zu freien. Die Mutter wollte ihn gehen lassen, weil ihn sonst niemand nehmen würde, weil er doch eine Natter war. Er erbat sich von der Mutter einen schwarzen Hahn, ließ ihn satteln und wollte sich zur Hochzeit begeben. Er zog sich schön an, setzte sich auf den Hahn und ritt los. Als er auf der Hälfte des Weges war, stieg er vom Hahn. Da waren Leute beim Pflügen. Er fragte, ob es noch weit bis zum Zaren sei.

Die Leute fragten ihn, warum er zum Zaren wolle.

Er sagte:

»Ich will heiraten.«

Da lachten sie über ihn, weil er als Natter die Zarentochter freien ging. Sie sagten ihm, in welcher Stadt sie wohnte. Er setzte sich auf den Hahn und kam in die Stadt. Er ging in den Zarenpalast, bis ins Vorhaus. Als er an die Zimmertür kam, pickte der Hahn an die Tür. Die Tür wurde ihm aufgemacht, und da erschrak der Zar. Er begrüßte den Zaren und fragte ihn gleich nach der Zarentochter und wie viele Mädchen der Zar haben. Der Zar sagte:

»Ich habe drei.«

»Würde mich eine davon heiraten?«

Der Zar sagte:

»Das weiß ich nicht.«

Er ließ sie rufen. Aber als sie ins Zimmer traten und ihn erblickten, liefen sie gleich wieder fort. Nicht eine wollte ihn heiraten. Da setzte er sich auf den Hahn und ritt nach Hause. Seine Mutter fragte ihn:

»Wo hast du Kranz und Schleier, mein Sohn?«

»Ich habe kein Glück mit dem schwarzen Hahn, Mütterchen. Ich muß den weißen nehmen.«

Er setzte sich gleich auf den weißen und ritt wieder los.

Als er auf dem weißen Hahn zum Zaren gekommen war, ging er in den Palast; die Soldaten sahen ihn und lachten ihn aus. Er ging ins Vorhaus und begegnete einem Diener. Von ihm erbat er sich ein Zimmer, um sich umzukleiden. Er ging in das Zimmer und warf seine Haut ab. Da war er so schön! Hatte goldene Haare, und niemand war ihm gleich. Er hatte sich umgezogen und mußte wieder die Haut anlegen, da kam die jüngste Tochter des Zaren ins Zimmer gelaufen. Sie wußte ja nicht, ob dort jemand war oder nicht. Sie fragte ihn gleich, wer er sei und was er wolle. Er gefiel ihr sehr.

»Ich bin der, der um Euch angehalten hat, und jetzt bin ich wiedergekommen.«

Da sagte sie:

»Das seid Ihr nicht, denn der war eine Natter. Ihr aber seid keine Natter.«

Er zog sich schnell wieder die Haut über und sagte zu ihr:

»Siehst du, und jetzt bin ich doch eine Natter!«

Er verließ das Zimmer, ging zum Zarengemach, klopfte an, und der Zar öffnete.

»Nun, allergnädigster Zar, jetzt bin ich mit einem weißen Hahn gekommen. Ob ich da Glück habe? Ruft eines von Euren Mädchen!«

Der Zar ließ die Älteste rufen. Die wollte nichts davon wissen. Er rief die zweite. Die auch nicht. Er rief die Jüngste. Die sagte gleich, sie werde ihn heiraten. Dem Zaren waren es gar nicht recht, seine Tochter einer Natter zu geben. Aber das Mädchen weinte. Sie wollte heiraten! Nun, er erhielt Kranz und Schleier und kam fröhlich und heiter nach Hause. Ehe nicht die Hochzeit gefeiert wurde, wollte seine Mutter kaum glauben, daß er das Zarenmädchen bekommen hatte. Sie holten das Mädchen und feierten ein großes Hochzeitsfest mit viel Musik. Nach der Trauung und Hochzeitsfeier legten sich beide auf die Schlafbank. Als die junge Frau eingeschlafen war, zog er seine Haut ab und schlief auch ein. Als sie aufwachte, war es, als ob auf der Schlafbank zwanzig Kerzen brannten. Das kam alles von seinen Haaren. Nach zwei Wochen gingen sie zum Zaren zu einem Gastmahl. Sie erzählte ihrem Vater, was für einen schönen Mann sie habe. Nachdem sie bewirtet worden waren, fuhren sie wieder nach Hause und lebten ungefähr ein halbes Jahr zusammen. Was hatte sich seine Frau ausgedacht? Sie erzählte seiner Mutter, daß er jede

Nacht die Haut ablegt und unter das Kopfkissen steckt. Was sollten sie mit der Haut machen? Eines Nachts heizte die Mutter den Ofen, und als er eingeschlafen war, griff die junge Frau schnell unter das Kopfkissen, die Mutter trat an die Schlafbank, und da sah es aus, als ob ein Feuer brannte. Sie zog die Haut unter dem Kopfkissen hervor, trug sie nach unten und warf sie in den Ofen. Er hatte mit seiner Frau vereinbart, daß sie erst dann ein Kind bekommen sollte, wenn er ihr die Hand auf den Leib legen würde. Als er am anderen Morgen aufwachte und die Haut anlegen wollte, schaute er unter dem Kopfkissen nach. Und da war sie nicht. Was tun? Er fragte seine Frau. Sie sagte, sie wisse nichts. Er ging nach unten, fragte seine Mutter, und die Mutter sagte auch, sie wisse nichts.

»Nun, wenn ihr mir den Panzer nicht gebt, dann laßt es euch gut gehen.«

Er verabschiedete sich von Vater und Mutter und seiner Frau, und seine Frau weinte, und alle weinten, er aber hörte auf niemanden, machte sich reisefertig und zog übers Meer. Dort suchte er sich eine reiche Frau und blieb bei ihr wohnen.

So verging ein halbes Jahr. Seine Frau weinte noch immer um ihn. Was beschloß sie? Ihn suchen zu gehen. Am frühen Morgen machte sie sich auf und verließ das Haus. Sie kam in eine Stadt und fragte die Leute, wo ein Schmied wohnt. Die Leute sagten es ihr, und sie ging zu dem Schmied. Sie fürchtete, ein Kind zu bekommen, und ließ sich einen Reifen machen. Der Schmied zwängte sie in den Reifen, und sie zog weiter. Weinend fragte sie die Leute, ob sie nicht so und so einen Mann mit goldenen Haaren gesehen hätten. Niemand hatte ihn gesehen.

So verging ein halbes Jahr. Der Reifen begann zu schwellen. Sie ging zu dem Schmied, er solle ihr noch einen Reifen machen, denn sie fürchtete, ein Kind zu bekommen. Als der Schmied ihr den Reifen angelegt hatte, verließ sie ihn weinend und zog suchend zum Meer. Nun, sie erfuhr, daß auf der anderen Seite des Meeres so ein Mensch wohne. Was sollte sie tun, da das Wasser so breit war? Wie sollte sie da hinüberkommen? Sie kaufte Bretter, ließ sich einen Kahn bauen, nahm ein Ruder, setzte sich in den Kahn und ruderte auf die andere Seite. Als sie dort angekommen war, stieg sie aus dem Kahn, ging sofort in die Stadt und fragte die Leute, ob sie nicht wüßten, wo dieser Mensch wäre. Sie ging auf den Markt, kaufte sich goldenen Flachs, eine goldene Spindel und eine goldene Haspel. Sie nahm den Flachs, ging vor das Haus, in dem ihr Mann wohnte, und setzte sich auf eine Bank. Ein Dienstmädchen kam, sah die Frau und den Flachs und fragte, ob sie etwas verkaufen würde.

»Ich verkaufe es, aber nicht für Geld, sondern nur, wenn mich deine Herrin eine Nacht mit ihrem Mann schlafen läßt. Dann gebe ich's ihr.«

Das Dienstmädchen erzählte es der Herrin. Die kam und sagte, sie würde ihr viel Geld für den Flachs geben. Sie wollte ihr aber nichts für Geld geben, sondern dafür eine Nacht mit ihrem Mann schlafen.

Die Herrin beschloß, es ihr zu erlauben. Sie ging ins Haus, und zum Abendbrot gab sie ihrem Manne starken Branntwein, ein gutes Abendbrot und guten Wein. Sie gab ihm so viel zu trinken, daß er einschlief, wie ein Baum im Walde. Dann ging die Herrin und rief die Frau. Die hatte kaum die Tür aufgemacht und die Hände ausgebreitet, da begann sie laut zu weinen, weinte die ganze Nacht bei ihm und sagte zu ihm:

»Leg deine weiße Hand auf meinen weißen Leib, mein lieber Mann!«

Aber er wußte von nichts. Er war betrunken und schlief wie ein Baum. Am anderen Morgen verjagte die Herrin sie.

Die Frau ging auf den Markt und nahm auch die Spindel mit. Sie setzte sich wieder auf die Bank. Da kam das Dienstmädchen wieder und fragte, ob sie etwas verkaufen würde.

»Ich verkaufe, aber nur, wenn ich eine Nacht mit deinem Herrn schlafen kann.«

Das Dienstmädchen ging, sagte der Herrin, die Frau sei wieder da und habe eine goldene Spindel und würde nur verkaufen, wenn sie mit dem Herrn in der Nacht schlafen könne. Die Herrin ließ sie gleich kommen. Sie ging wieder in das Zimmer, weinte die ganze Nacht und sagte immer:

»Leg doch deine weiße Hand auf meinen weißen Leib, mein lieber Mann!«

Aber er schlief, denn er war betrunken und wußte von nichts. Am anderen Morgen verjagte die Herrin sie wieder.

Die Frau ging auf den Markt, nahm die Haspel und kam wieder zu der Bank. Da ging der Herr nach dem Mittagessen ein wenig spazieren. Er ging in den Stall zu seinem Diener, um zu sehen, was sein Diener machte. Da sagte sein Diener:

»Wir haben eine Neuigkeit, Herr, aber Ihr wißt von nichts.«

»Was denn für eine Neuigkeit?«

»Hier kommt immer eine Frau her. Sie war schon zweimal bei Euch über Nacht, weinte immer und sagte immer: ›Leg doch deine Hand auf meinen weißen Leib, mein lieber Mann!‹«

Er erinnerte sich sofort, daß das seine erste Frau war. Als am Abend das Dienstmädchen auf die Straße kam, saß die Frau wieder an der Haspel. Sie fragte, ob sie etwas verkaufen würde.

»Ich verkaufe etwas, aber nicht für Geld. Nur, wenn ich mit Eurem Herrn eine Nacht schlafen kann.«

Da ging sie und sagte es ihrer Herrin. Die Herrin erlaubte es gleich. Zum Abendbrot gab sie ihm Branntwein. Er kippte ihn hinter den Kragen. Das Abendbrot steckte er in die Seitentasche. Als sie ihm Wein brachte, goß er ihn in die Tasche. Seine Frau dachte, er hätte alles gegessen und getrunken. Sie wollte ihn ja betrunken machen, damit er gleich wieder schlafen würde. Sie legte ihn schlafen. Er tat, als ob er schlief. Sie ging hinaus und ließ die Frau kommen. Die Frau kam, er aber schlief. Nur, daß er gar nicht schlief, sondern nur so tat. Sie legte sich zu ihm, küßte ihn, redete auf ihn ein, zwickte ihn und schrie ihn an, damit er aufwachte, denn sie dachte, sie könne nicht wiederkommen, denn sie wußte nicht wie. Sie sagte zu ihm:

»Leg deine weiße Hand auf meinen weißen Leib, mein lieber Mann!«

Sie weinte die ganze Nacht und zwickte ihn immer wieder. Als es Tag wurde, richtete er sich auf und legte seine Hand auf ihren Leib. Gleich platzten die Reifen, und sie gebar zwei kleine Jungen. Die konnten gleich laufen, denn sie waren beide schon anderthalb Jahre alt. Ein Engel brachte jedem einen goldenen Apfel, und jeder hatte nun in seiner Hand einen Apfel.

Als es hell war, kam die Herrin und erblickte die Jungen. Da begann sie Lärm zu schlagen und die andere Frau zu beschimpfen. Sie nahm die Jungen und warf sie in den Stall. In dem Stall aber waren zwei wilde Eber.

Sie dachte, die würden die Jungen fressen. Die kleinen Kerle waren nackt und froren. Da setzten sich die Eber nebeneinander und hauchten die Kinder an. Die Frau wurde hinausgejagt.

Als es Morgen war, stand der Herr auf und fragte, wer die Nacht bei ihm gewesen sei.

Sie sagte:

»Niemand.«

Aber er gab nicht auf. Er fragte, wo die Frau mit den Kindern sei. Er ging auf die Straße, und da lag die Frau. Als er sie erblickte, wurde ihm schwer ums Herz. Er ging, hob sie auf, sie war sehr krank und halbtot. Er brachte sie ins Haus und sagte zu seiner Frau:

»Wie konnte das geschehen, daß du diese Frau auf die Straße geworfen hast? Du ehrlose Hündin! Hast du nicht gesehen, daß die Frau krank war?«

Dann fragte er, wo die Jungen sind.

Sie sagte:

»Ich habe sie in den Stall geworfen. Dort sollen die Eber sie fressen.« Da ging der Mann in den Stall und sah die Kinder nackt, frierend und weinend dort sitzen. Er nahm sie beide, faßte sie an der Hand und brachte sie ins Zimmer. Er kaufte ihnen gleich Kleidung, zog sie an, nahm den Säbel und schlug seiner Frau den Kopf ab. Den Diener und das Dienstmädchen zahlte er aus, die Pferde und alles Hab und Gut verkaufte er. Er verkaufte auch das Haus und machte sich mit seiner richtigen Frau auf den Weg. Er fuhr zurück über das Meer und kam nach Hause zu seinem Vater.

Als sie nach Hause kamen, freute sich sein Vater sehr über sie. Sein Vater und seine Mutter lebten noch an die zwei Jahre und starben dann. Sie blieben beide mit den Kindern zurück. Nach einem Monat starben auch die Jungen. So lebte er mit seiner Frau an die zwanzig Jahre allein, und sie hatten nie wieder Kinder. Sie weinten immer und beteten zu Gott, er solle ihnen Kinder geben. Einmal ging er auf den Markt, und seine Frau blieb allein zu Hause. Als er nach Hause kam, war seine Frau gerade niedergekommen. Gleich zwölf Jungen auf einmal. Er machte die Tür auf, und sie lag quer im Zimmer. Sie hatte ja gerade geboren. Er zählte die Kinder, kam bis auf zwölf, erschrak und lief davon. Die Jungen zog sie allein auf. Für jeden kaufte sie einen Trinkapparat, goß Milch hinein, und jeder saugte daran. Als sie groß waren, gingen sie in die Schule, und alle lernten sehr gut. Als sie aus der Schule gekommen waren, gingen sie alle dienen. Jeder verdingte sich auf ein Jahr für ein Pferd. Das zweite Jahr verdingten sie sich für eine Kuh. Als sie ausgedient hatten, gingen sie nach Hause und sagten zu ihrer Mutter:

»Nun, Mütterchen, jetzt haben wir Pferde und Kühe. Hätten wir noch einen Vater, wäre alles gut. Hatten wir denn einmal einen Vater?« fragten die Jungen.

»Ihr hattet einen, aber als ihr zur Welt gekommen seid, war er nicht zu Hause. Als er nach Hause kam, wart ihr gerade geboren. Da war er sehr erschrocken, ist davongelaufen und nie wiedergekommen.«

Was taten die Burschen? Sie beschlossen, ihn zu suchen. Alle zwölf auf einmal.

Sie nahmen zwei Flaschen, gossen in die eine Wein, in die andere Schnaps, baten ihre Mutter, ihnen Kuchen zu backen, nahmen alles und gingen ihren Vater suchen. Sie kamen in einen Wald, liefen umher und suchten. Aber nirgends war er zu finden. Einmal fanden sie eine Stelle zwischen wildem Wein, wo jemand sich auf verwelktem Gras ein Lager bereitet hatte. Dort legten sie ihre Flaschen hin. Erst die mit dem Schnaps, dann den Kuchen und dann die mit dem Wein. Gegen Abend versteckten sie sich alle im Gestrüpp. Da kam er. Er trat an das Lager und sah, daß dort etwas stand. Er dachte, dort lag ein Mensch, und lief fort. Dann kam er wieder zurück. Er überlegte, ob das vielleicht ein Wolf war. Er trat an das Lager heran, und da erblickte er die eine Flasche. Er nahm sie, denn er war schon so wild, daß er nicht mehr wußte, was das war. Er begann daran zu riechen. Er wußte ja nicht, was das war. Er kostete, es war bitter und schmeckte. Das gefiel ihm. Dann nahm er den Kuchen und aß ihn. Er schmeckte ihm auch.

»Ho«, sagte er, »wie das schmeckt!«

Als er gegessen hatte, nahm er die zweite Flasche, trank daraus, und es schmeckte anders als aus der ersten, denn der Wein war sauer. Er aß und trank sich dick und rund, legte sich schlafen, und als er eingeschlafen war, kamen die Brüder, alle seine Söhne. Seine Haare gingen ihm schon bis an die Knöchel. Auf die eine Hälfte der Haare legte er sich, mit der anderen bedeckte er sich. Als er sich hingelegt hatte und eingeschlafen war, da waren die Söhne ganz still, sprangen auf, packten ihn an den Füßen und an den Händen, banden ihn und wollten ihn davontragen. Da schrie und jammerte er. Sie aber kümmerten sich nicht darum, sie wollten nur schnell mit ihm nach Hause. Sie kamen bald nach Hause mit ihm und zogen ihn an. Die Mutter der Burschen, also seine Frau, hatte große Angst vor ihm, denn er sah ganz schrecklich aus. Viele Jahre war er im Wald gewesen, und er war ganz mit Haaren bewachsen. Die Haare gingen ihm bis zu den Fersen, mit den Fingernägeln hätte er pflügen können, und sein Bart reichte bis auf die Brust. Sie machten gleich Wasser warm, badeten den Vater, wuschen ihn, aber sie mußten ihn immer noch festhalten, sonst wäre er wieder fortgelaufen. Sie holten drei Friseure. Der eine wusch ihn, der andere rasierte ihm den Bart ab, und der dritte beschnitt ihm die Finger- und Zehennägel. Sie schnitten ihm die Haare, rasierten ihn, zogen ihn an, und er war so schön wie jeder andere Mensch. So pflegten sie ihn drei Monate, bis er sich an das Haus gewöhnt hatte. Dann gingen sie wieder aufs Feld. Er blieb zu Haus, arbeitete am Hause und half der Frau beim Saubermachen. So lebten sie in Freuden, waren gesund und glücklich.

Sie leben auch jetzt noch, wenn sie nicht gestorben sind.

Ukrainische Volksmärchen. Herausgegeben von *P.V. Lintur*. Akademie-Verlag, Berlin (1972) ²1981, Nr. 35, S. 102—110.

Kommentar

Geschichten vom erlösungsbedürftigen Tierbräutigam oder Tiergatten sind ein Lieblingsthema des Zaubermärchens, wie auch die klassischen Sammlungen zeigen: Bei den Brüdern Grimm sind sie vertreten durch *Das singende springende Löweneckerchen* (KHM 88), *Hans mein Igel* (KHM 108), *Die Alte im Wald* (KHM 123), *Das Eselein* (KHM 144, nach dem mittellateinischen Gedicht *Asinarius*), *Der Froschkönig* (KHM 1), und diesem Erzählkreis ist auch *Der Eisenofen* (KHM 127) zuzurechnen; bei Ludwig Bechstein findet sich *Siebenhaut (Neues Deutsches Märchenbuch* [1856], Nr. 49); frühe italienische Belege bilden *Il re porco* aus Straparolas *Piacevoli notti* (2,1) und *Lo serpe* (2,5), *Lo catenaccio* (2,9), *Pinto smauto* (5,3), *Lo turzo d'oro* (5,4) aus Basiles *Pentamerone*.

Der karpato-ukrainische Text gehört dem *Amor und Psyche*-Zyklus (AaTh 425 ff.) an. Eine Kurzform haben wir in Text 4 kennengelernt. Hier haben wir nun das Beispiel einer Langfassung (AaTh 425 A), in der die Frau entweder das Tabu verletzt, nicht über die wahre Natur ihres Tiergatten zu sprechen beziehungsweise ihn nachts nicht anzuschauen, oder aber seine Tierhaut verbrennt. Dadurch vertreibt sie ihren Mann, muß ihn nun lange suchen und ihn meist von seiner zweiten Frau zurückkaufen. In dieser Gestalt hat das *Amor und Psyche*-Märchen in Europa, wo es in beinahe allen Ländern nachweisbar ist, seine weiteste Verbreitung gefunden. Viele Erzählungen aus diesem Zyklus beginnen damit, daß ein Ehepaar sich sehnlichst ein Kind wünscht und einen Sohn in Tiergestalt bekommt. An *Hans mein Igel* (KHM 108) erinnert der Ritt des Helden auf dem Hahn. Das Motiv der gekauften drei Nächte, von denen erst die dritte der Heldin Erfolg bringt, ist ein häufiges Charakteristikum der Vollformen des *Amor und Psyche*-Märchens. Fast nur in den Balkanvarianten hingegen erscheint der Zug, daß die Frau mit eisernen Reifen umgürtet durch die Welt wandert und erst gebären kann, wenn der Mann ihr seine Hand auf den Leib legt.

Entgegen dem Schema der märchengerechten Karriere erlebt die Zarentochter im karpato-ukrainischen Märchen einen gesellschaftlichen Abstieg: Nach der zweiten Flucht des Mannes existiert sie in recht dürftigen und bedrückenden Verhältnissen, ihr Leben wird von vielerlei Katastrophen betroffen. Sehr eigenartig verläuft der Schlußteil: Ist im ersten Teil der Tiermann die Hauptperson und im zweiten Teil die Frau, so ergreifen am Ende die Söhne die Initiative, suchen den geflüchteten Vater und bringen ihn in die ›Zivilisation‹ zurück. Daß ein Vater seiner kinderreichen Familie davonläuft und seine Söhne ihn suchen, ist auch sonst im karpato-ukrainischen Erzählgut häufiger belegt.

Die Märchen aus dem Zyklus vom Tierbräutigam scheinen sehr gern von Frauen erzählt worden zu sein, doch unser Text stammt von einem männlichen Erzähler, dem Karpato-Ukrainer D. Palančani aus dem Komitat Bács-Bodrog (heute Jugoslawien), der Batschka also, in der sich im 18. Jahrhundert ukrainische Kolonisten ansiedelten und in der Nachbarschaft von Serben, Kroaten, Deutschen, Ungarn, Rumänen und anderen Volksgruppen lebten – ein Gebiet intensiver ethnischer Kontakte. Palančanis Erzählung zeichnete 1897 der berühmte ukrainische Sammler Volodymyr M. Hnatjuk auf, dem die Publikation von 15 Bänden ukrainischer Volksprosa zu verdanken ist.

Literatur

s. Text 4

11

Der Falke bei der Zarentochter

Ein junger Mann machte sich auf den Weg, um Geld zu verdienen. Er ging, er ging durch einen Wald und kam in ein Tal. Im Tal hörte man einen Lärm. Als er nachschaute, was es war, sah er ein Aas, und auf dem Aas stritten sich eine Ameise, ein Falke und eine Schlange. Er fragte sie: »Warum streitet ihr euch?« »Wir streiten uns«, sagten sie, »weil wir das Fleisch nicht teilen können.« Da teilte der Junge das Fleisch zwischen ihnen auf. Die Schlange sagte: »Wir danken dir sehr, Junge. Wir werden dich belohnen. Ich gebe dir den Segen, daß du dich in eine Schlange verwandeln kannst und wieder zurück in einen Menschen.« Und die Ameise, sie gab ihm den gleichen Segen, daß er sich in eine Ameise und wieder zurück in einen Menschen verwandeln konnte. Und der Falke tat dasselbe. Und der Junge machte sich wieder auf den Weg. Und wie er so ging, fing er an auszuprobieren, ob er sich verwandeln kann und sagte: »Gott, verwandle mich in eine Schlange!« – und er verwandelte sich in eine Schlange. »Gott, verwandle mich in eine Ameise!« – und er verwandelte sich in eine Ameise, und dann wurde er wieder ein Mensch. Er probierte auch aus, ob er ein Falke werden kann, und er wurde ein Falke und wieder ein Mensch. Er machte sich wieder auf den Weg.

Er ging, er ging den Weg lang, und es kam ihm eine Kutsche entgegen, und in der Kutsche saß die Zarentochter. Als er sie erkannte, verwandelte er sich in einen Falken und stellte sich mitten auf den Weg – er fürchtete sich überhaupt nicht vor der Kutsche. Das Mädchen sah den Falken und ließ sofort die Kutsche anhalten, um den Falken zu fangen. Sie stieg aus und ging zu ihm, um ihn zu greifen. Gerade als sie ihn am Schwanz fassen wollte, da sprang er weg, und gerade wollte sie ihn wieder fassen, da sprang er wieder weg, aber schließlich fing sie ihn. Sie nahm ihn mit und trug ihn nach Hause. Zu ihrem Vater sagte sie aber, daß er ihr einen Käfig machen sollte, damit sie den Falken dort aufbewahren könnte. Sie machten ihr einen Käfig, hängten ihn in ihrem Zimmer auf und taten den Falken hinein.

Am Abend brachten ihr die Diener das Essen, sie aß zu Abend und legte sich schlafen. Was sie vom Abendessen übriggelassen hatte, blieb auf dem Tisch stehen. Der Falke verwandelte sich in eine Ameise und kam aus dem Käfig heraus. Am Morgen, als das Mädchen aufstand, war kein Essen mehr da. Am nächsten Abend brachten sie ihr wieder das Essen. Er verwandelte sich in eine Ameise, kam aus dem Käfig heraus und aß das Essen auf. Am Morgen, als sie aufstand und sah, daß kein Essen da war, fing sie an, die Diener auszuschimpfen und zu schelten. Den dritten Abend brachten sie ihr wieder das Essen. Sie aß zu Abend, legte sich wieder hin und begann aufzupassen, wer an den Tisch kommen würde. Und sie schlief ein bißchen ein. Als sie wieder zu sich kam, was sah sie da: Ein schöner junger Mann — du kannst dich an ihm nicht sattsehen — steht am Tisch und ißt! Und sie, ganz sachte, ergriff ihn am Mantel und sagte:

»Was suchst du hier, Junge, wo bist du hereingekommen?«

Und er stammelte und sagte: »Ich bin der Falke, du hast mich gefangen, aber ich verwandle mich. Ich bin in Wirklichkeit ein Junge.«

Da sagte sie zu ihm: »Komm, leg dich zu mir, du gehörst schon mir.« Und er legte sich hin und umarmte sie.

Als es am Morgen hell wurde, sagte sie zum Zaren:

»Vater, ich will heiraten, rufe die Flöten und Trommeln!« Aber er sagte: »Du kannst nicht heiraten, solange wir nicht einen jungen Mann für dich gefunden haben.« Sie sagte ihm: »Finde du die Flöten und Trommeln und rufe die Brautwerber, den jungen Mann finde ich!« Und er fügte sich ihr. Sie machten eine wunderbare Hochzeit!

Im nächsten Jahr begann der Zar einen Krieg. Er selbst führte das Heer an, aber der Feind war stärker, und der Zar rettete kaum die Hälfte seines Heeres. Da sagte ihm sein Schwiegersohn: »Laß mich ziehen und kämpfen, Vater!« Und er schickte ihn. Der Junge führte das Heer, wie es sein sollte, und er lagerte es an einem versteckten Ort. Als es dunkel wurde, da sagte er: »Gott, verwandle mich in einen Falken!« — Und er flog weg und fiel in das feindliche Heer ein.

Als sie alle in der Nacht schliefen, sagte er: »Gott, verwandle mich in einen Menschen!« Er verwandelte sich in einen Menschen und machte sie mit einem Säbel nieder. Sie liefen im Dunkeln durcheinander, und da sie nicht wußten, von wo sie angegriffen wurden, erschlugen sie sich untereinander. Und so besiegte er sie. Dann verwandelte er sich wieder in einen Falken und kehrte zu seinem Heer zurück. Er ließ dem Zaren melden, daß er gesiegt hatte und nicht ein einziger seiner Soldaten umgekommen war.

Am Morgen ging er mit dem Heer ans Meer, damit sich alle waschen sollten. Als des Zaren Schwiegersohn sich auf das Wasser stürzte, sprang auf einmal ein Fisch heraus und verschluckte ihn. Da erschreckte sich das ganze Heer, wie sie nun vor dem Zaren erscheinen sollten. Sie überlegten und überlegten, schließlich fanden sie einen, der ihm ähnlich sah und führten ihn vor den Zaren.

Der Zar sagte: »Das ist nicht mein Schwiegersohn!« Sie führten ihn zu seiner Tochter und sie sagte: »Du bist nicht mein Junge!« Aber er sagte: »Ich bin es, aber du kannst mich nicht erkennen, ich habe mich durch die Schlacht verändert.« »Verwandle dich für mich in eine Schlange«, sagte sie. Aber er sagte: »Kann denn ein Mensch eine Schlange werden?« »Los, verwandle dich für mich in einen Falken!« sagte sie. »Aber kann denn aus einem Menschen ein Falke werden?«

Da sagte sie:

»Du bist nicht mein Junge. Aber wenn du nicht sagst, wo ihr ihn gelassen habt, bringe ich dich um!«

Und es blieb ihm nichts anderes übrig, und er sagte:

»Vor dir gibt es keine Lüge: ihn hat am Meer ein Fisch verschluckt.« Die Zarentochter hatte drei goldene Äpfel. Da nahm sie die Äpfel und auch den Soldaten, damit er sie führt und ihr die Stelle zeigt, an der ihn der Fisch verschluckt hat. Sie kamen am Meer an. Sie fanden die Stelle, und sie fing an, mit den Äpfeln zu spielen; sie warf sie hoch, bis in den Himmel. Und als der Fisch sie sah, erschien er sofort auf dem Wasser und sagte:

»Gib mir von diesen Äpfeln, junge Frau; du wirst dir andere pflücken.« Aber sie sagte: »Ich gebe dir den Apfel, aber dann mußt du zeigen, was du gestern verschluckt hast.« »Gut«, sagte er und zeigte aber nur den Kopf des Jungen.

Da gab ihm die Zarentochter einen Apfel. Der Fisch fing ihn und verschwand sofort im Wasser. Es verging ungefähr eine halbe Stunde, und wieder erschien der Fisch und wollte wieder einen von den Äpfeln haben. »Gib mir noch einen Apfel«, sagte er. »Ich gebe ihn dir«, sagte sie, »aber nur, wenn du ihn bis zum Gürtel hervorholst.«

Er zeigte ihn, fing den Apfel auf und verschwand wieder im Wasser. Es verging kurze Zeit, da erschien der Fisch wieder – zum dritten Mal –, und die Zarentochter sagte:

»Ich gebe dir noch einen Apfel, wenn du ihn bis zu den Fersen hervorholst.«

Der Fisch holte ihn heraus, und der Junge verwandelte sich in einen Falken und flog aus dem Maul des Fischs heraus und kehrte mit seiner Frau nach Hause zurück.

Der Arme hatte es nicht leicht gehabt. Aber er war sehr schlau gewesen; als er im Fischbauch war, hatte er sich in eine Schlange, in eine Ameise verwandelt und überlebt. So ist es!

Zachariev, Jordan: Kjustendilsko krajšte (Sbornik za narodni umotvorenija i narodopis, Band 32). Sofija 1918, S. 585–587 (abgedruckt in: *Karalijčev, A./Vŭlčev, V.:* Prikazki, vŭlšebni i za životni [Bŭlgarsko narodno tvorčestvo, Band 9]. Sofija 1963, S. 340–343). Übersetzung: Ines Köhler-Zülch.

Kommentar

Der bulgarische Text gehört zu einer Gruppe von Märchen mit folgender Grundstruktur: Ein Junge wird vom Vater einem meist weiblichen Wasserwesen versprochen, erhält von dankbaren Tieren die Gabe, sich in deren Gestalt zu verwandeln, gewinnt die Hand einer Königstochter, wird von dem Wasserwesen geraubt und von seiner Frau befreit (AaTh 316; KHM 181: *Die Nixe im Teich*). Die Geschichte ist in vielen europäischen Ländern vereinzelt belegt, etwas häufiger sind griechische, deutsche und irische Fassungen. Dabei zeigen sich verschiedene Ausprägungen. In unserem Text fehlt die Eingangsepisode, in einer Reihe von Varianten dagegen gewinnt der

Junge die Königstochter auf eine andere Weise: Für die Heirat macht sie zur Bedingung, er solle sich so verstecken, daß sie ihn auch mit ihrem Zauberspiegel nicht finden kann (AaTh 329), oder er muß die jüngste von drei Prinzessinnen herausfinden (AaTh 554). Erstaunlich sind aber die Parallelen: Sowohl im bulgarischen Märchen wie in einer deutschen Version läßt der Junge sich von der Königstochter in Vogelgestalt fangen und in einen Käfig stecken. Die nächtlichen Besuche sind unterschiedlich geschildert. In der deutschen Variante erschrickt die Königstochter dermaßen, als ein Mann vor ihrem Bett steht, daß sie ihren Vater zu Hilfe ruft, in einer anderen deutschen Variante weckt sie das ganze Schloß (wie auch im bisher ältesten Beleg bei Straparola 3,4). Die bulgarische Zarentochter bleibt recht gelassen, bewältigt die Situation allein und ergreift die Initiative. Im Gegensatz zu männlichen Märchenhelden, die häufig ihre eigene Frau oder Braut nicht gut zu kennen scheinen und sich eine falsche unterschieben lassen, merkt die Zarentochter in unserer Geschichte wie auch in ähnlich verlaufenden bulgarischen und griechischen Varianten sofort, daß ihr nicht der Richtige als Ehemann präsentiert wird, und zieht los, um ihn zu befreien. Ein stabiles, fast in allen Fassungen erscheinendes Element ist die in drei Stufen verlaufende Befreiung, welche die Ehefrau durch kostbare Gegenstände erreicht.

Der bulgarische Text liefert ein Beispiel zur Veranschaulichung von Übersetzungsproblemen: Im Bulgarischen ist die allgemeine Bezeichnung für Fisch weiblich (riba) und läßt einen Zusammenhang mit den weiblichen Wasserwesen vermuten. Auf eine Übersetzung mit Fischfrau oder ähnlich wurde hier verzichtet, zumal auch in griechischen Texten ein weibliches oder männliches Wesen (Gorgona oder Drakos) den Helden ins Wasser zieht und verschluckt.

Der Erzähler dieses Märchens ist Zare Dinov Tutulein aus Bosiligrad (heute Jugoslawien). Aufgezeichnet wurde der Text von dem Ethnographen Jordan Zachariev, der den westbulgarischen Kreis Kjustendil, seine Heimatregion, zwischen 1906 und 1911 systematisch von der Bevölkerungsstruktur über den Hausbau bis zur Sprache und Folklore erforschte. Seine Ergebnisse sind in der 1889 von dem großen Literaturhistoriker, Folkloristen und zeitweiligen Kulturminister Ivan D. Šišmanov gegründeten und bis heute für die bulgarische Folkloristik wichtigsten Reihe *Sbornik za narodni umotvorenija i narodopis* veröffentlicht worden.

BP 3, 322–324.
Ranke, Kurt: Schleswig-holsteinische Volksmärchen (ATh 300–402 [=
    Band 1]). Kiel 1955, 187–200.
Lindahl, Carl: Dankbare (hilfreiche) Tiere. In: EM 3 (1981) 289–299.

12.

Drei Schwestern ziehen in den Krieg

Es war einmal ein König, der hatte drei Töchter. Er sollte gegen einen anderen König in den Krieg ziehen und war sehr traurig. Seine älteste Tochter brachte ihm Essen und fragte ihn: »Warum bist du so traurig?« Er sagte: »Frage mich nicht. Du bist kein Mann.« Sie antwortete: »Sage mir, was ich tun soll. Ich werde alles genauso tun wie ein Mann.«

Da gestand der König seiner Tochter: »Ich muß in den Krieg ziehen.« Darauf erwiderte die Tochter: »Gib mir ein Messer und ein Schwert. Laß Männerkleider für mich nähen. Gib mir ein Pferd, und ich werde in den Krieg ziehen.«

Die älteste Tochter brach auf und ritt bis zu einer Brücke. Ihr Vater, der König, hatte sich in eine riesengroße dreiköpfige Schlange verwandelt und kam ihr auf der Brücke entgegen. Da erschrak die Tochter ganz fürchterlich und lief schnell nach Hause zurück. Doch ihr Vater war vor ihr wieder zu Hause. Er fragte: »Warum bist du zurückgekommen?« Sie sagte: »Wie sollte ich nicht zurückkommen, wenn mir eine riesengroße dreiköpfige Schlange den Weg versperrte?« Der Vater entgegnete: »Siehst du, ich habe dir gesagt, du sollst nicht fortgehen.« Sie sprach: »Ich wollte dir doch helfen.«

Am zweiten Tag kam die mittlere Tochter. Sie fragte: »Vater, warum bist du so traurig?« Der König sagte: »Warum sollte ich dir das erzählen? Weder du noch deine ältere Schwester könnt mir helfen.« Sie erwiderte: »Vater, sage mir, was du brauchst. Ich werde für dich tun, was du willst.« Der König erzählte ihr dasselbe wie seiner ältesten Tochter. Auch die zweite Tochter zog Männerkleidung an, nahm ein Schwert, bestieg ein Pferd und ritt bis zu der Brücke.

Wieder verwandelte sich ihr Vater, diesmal in eine riesengroße sechsköpfige Schlange, und verfolgte sie. Da erschrak sie so sehr, daß sie schnell, schnell nach Hause zurückkehrte. Der König fragte: »Warum bist du nach Hause zurückgekommen?« Sie sagte: »Wie sollte ich nicht zurückkommen, wenn sich eine sechsköpfige Schlange auf mich stürzt?«

Am dritten Tag kam die jüngste Tochter. Sie fragte den Vater: »Warum bist du so traurig, Vater?« Er sagte: »Wie soll ich nicht traurig sein, wenn mir niemand helfen kann. Deine zwei älteren Schwestern konnten es nicht, wie könntest du mir helfen?« Sie antwortete: »Gib mir vierzig Tage Zeit. Ich werde es schon schaffen.«

Sie ging hinaus, ging in den Pferdestall und sah sich die Pferde an. Sie zog die Pferde an den Schwänzen, doch kein einziges gefiel ihr. Sie verließ den Stall. Da sah sie auf dem Misthaufen ein Pferdchen, ganz verschmutzt, halb lebendig, halb tot. Sie befahl den Dienern, das Pferd zu säubern. Dann ging sie zu dem Pferd und zog es am Schwanz. Das Pferd sprach zu ihr: »Warum ziehst du mich an meinem Schwanz? Ihr füttert mich nicht, ihr gebt mir nichts zu trinken, und du ziehst mich an meinem Schwanz. Wenn du von mir Hilfe erwartest, so füttere mich vierzig Tage mit Rosinen, gib mir vierzig Tage guten Branntwein zu trinken.«

Das Mädchen tat, was ihr das Pferd befohlen hatte. Nach vierzig Tagen ging sie wieder zu ihm. Jetzt war das Pferd sehr stark geworden. Das Mädchen bestieg das Pferd, ritt zu ihrem Vater und verabschiedete sich: »Bleib mit Gott, ich ziehe los.« Der Vater sagte: »Geh mit Gott.«

Das jüngste Mädchen ritt zu jener Brücke. Auch ihr kam ihr Vater entgegen, diesmal in Gestalt eines neunköpfigen Drachens. Die jüngste Tochter zog ihr Schwert und wollte den Drachen töten. Da aber rief der Drachen: »Töte mich nicht, ich bin dein Vater.« Sie sagte: »Wenn du mein Vater bist, nimm deine Leute und geh deiner Wege.« Der König rief seine Diener und kehrte nach Hause zurück. Die Tochter aber ritt weiter.

Sie gelangte in einen Wald. Dort sah sie einen Wolf, der zwischen den Zähnen einen kleinen Jungen trug. Sie zog ihr Schwert, erschlug den Wolf, befreite den kleinen Knaben und ritt weiter. Bis zum nächsten Morgen war der Junge herangewachsen.

Am nächsten Tag kam das Mädchen in eine Stadt. Dort ging sie in eine Kneipe und bestellte sich Kaffee. Da hörte sie, was die Leute sprachen. Der König dieser Stadt hatte keine Kinder, denn immer, wenn seine Frau ihm ein Kind gebar, kam ein Wolf und raubte das Kind der Königin.

Als die jüngste Königstochter das gehört hatte, erkundigte sie sich: »Was erzählt ihr euch da?« Sie sagten ihr: »Unsere Königin ist kinderlos. Kaum bringt sie einen Jungen zur Welt, kommt ein Wolf und raubt ihr das Kind.«

Da sprach sie zu dem Jungen: »Komm, ich werde dich deinem Vater zurückgeben.« Der Junge entgegnete: »Gib mich meinem Vater zurück. Wenn er dich fragt, was du dafür verlangst, so fordere das schwarze Pferd und das schwarze Hündchen. Und wenn er dir diese nicht gibt, dann laufen wir fort.«

Die Königstochter führte den Jungen zum König. Der König erkundigte sich: »Was willst du dafür?« Sie sagte: »Ich will deine Gesundheit.« Der König erwiderte: »Meine Gesundheit wird dir nicht helfen. Verlange etwas anderes, etwas, was dir helfen kann.« Da sagte das Mädchen: »Dann gib mir dein schwarzes Pferd und deinen schwarzen Hund.«

Da wurde der König sehr böse: »Wer hat dir das geraten?« Aber dann gab er dem Mädchen doch das schwarze Pferd und den schwarzen Hund.

Das Mädchen ritt weiter. Sie kam in ein anderes Königreich. Auch dort ging sie in eine Gaststube, setzte sich und bestellte sich Essen. Wieder unterhielten sich die Leute über dieses und jenes und sagten auch, daß der König ein großes Feuer entzündet und demjenigen seine Tochter zur Frau versprochen habe, der über dieses Feuer springen werde.

Das Mädchen kam zu dem Pferd und fragte: »Wer kann mit mir über dieses Feuer springen?« Das Pferd sagte: »Ich kann es.« Das Mädchen bestieg das Pferd, ritt zu dem Feuer und sprang. Das Pferd übersprang das Feuer. Die Leute nahmen das Mädchen bei der Hand und führten es zum König. Der König sagte: »Am Sonntag ist Hochzeit.« Vierzig Tage und vierzig Nächte wurde die Hochzeit gefeiert.

Dann ging die Königstochter mit der Braut schlafen. Sie nahm ihr Schwert und legte es in die Mitte. Dann sprach sie: »Höre zu, meine Braut, hier in der Mitte liegt mein Schwert. Wenn du die Hand auf mich legst, wird dich mein Schwert zerschneiden. Wenn ich meine Hand auf dich lege, wird mich mein Schwert zerschneiden.«

Am nächsten Morgen standen sie auf. Der König besuchte seinen Schwiegersohn und wollte sich an seinem Glück erfreuen. Aber da kam seine Tochter und sagte, daß sie nicht mit ihrem Mann geschlafen habe. Der König wurde wütend. Da kam der Lala, der Ratgeber des Königs, und meinte, daß hier etwas nicht in Ordnung sei.

Eine Woche verging, und immer noch wollte das Mädchen nicht mit der Braut schlafen. Sie ging zu ihrem Pferd und begann zu weinen. Aber auch das Pferd wußte keinen Rat.

Der König wollte seinen Schwiegersohn loswerden. Er befahl dem Schwiegersohn, ihm lebendiges Wasser zu beschaffen. Das Mädchen ging wieder zu ihrem Pferd, und das Pferd sagte: »Das kann ich nicht schaffen. Wir müssen zu meinem jüngeren Bruder gehen.«

So begaben sie sich zu dem jüngeren Bruder des Pferdes. Der sagte: »Halte dich an meinem Hals fest. Ich werde über das Wasser springen. Du mußt dich herabbeugen und mit einem Krug Wasser abschöpfen. Du darfst aber nicht loslassen, halte dich gut fest!«

Sie ritten zu dem Wasser. Das Pferd sprang über das Wasser. Das Mädchen beugte sich herab und schöpfte Wasser in einen Krug. Dann brachten sie das Wasser dem König. Der König war ganz außer sich, ganz von Sinnen, daß sein Schwiegersohn diese Aufgabe gelöst hatte. Am nächsten Morgen erkundigte er sich wieder bei seiner Tochter, ob sie mit ihrem Ehemann geschlafen habe; aber sie sagte, daß er auch diesmal nicht habe mit ihr schlafen wollen. Da ging der König wieder zu dem Lala und fragte ihn: »Was sollen wir jetzt tun? Das ist doch ein richtiger Mann, mein Schwiegersohn. Er hat mir gebracht, was ich von ihm verlangt habe. Aber mit meiner Tochter will er nicht schlafen.«

Der Lala riet ihm, er solle diesmal einen lebendigen Spiegel verlangen. Das Mädchen, sein Schwiegersohn, brachte dem König auch den lebendigen Spiegel.

Als dritten Auftrag an den Schwiegersohn verlangte der König eine Durla*. Das Mädchen ging und versteckte sich im Walde. Da kam eine erste Fee, und sie trug eine Durla bei sich. Dann kam eine zweite Fee, und auch sie brachte eine Durla mit. Endlich erschien eine dritte Fee mit einer dritten Durla. Da lief das Mädchen davon. Alle drei Feen riefen gleichzeitig: »Warte.« Das Mädchen blieb stehen. Wieder riefen die Feen: »Wenn du ein Mann bist, verwandele dich in eine Frau. Wenn du eine Frau bist, verwandele dich in einen Mann!«

Im gleichen Augenblick verwandelte sich das Mädchen in einen jungen Burschen. Der rannte voller Freude zum König, gab ihm die Durla und sagte: »Jetzt können wir eine richtige Hochzeit feiern.« Der König wäre vor Freude beinahe gestorben.

Am nächsten Morgen in der Früh wurde begonnen, eine echte Hochzeit zu feiern. Sie dauerte vierzig Tage und vierzig Nächte.

Sie sind jene, und wir sind diese.

Sie sind dort, und wir sind hier.

Zigeunermärchen aus aller Welt. Vierte Sammlung. © 1985, Insel Verlag Anton Kippenberg, Leipzig.

---

* vermutlich ein Musikinstrument

Kommentar

Die Geschichte vom Mädchen in Männerkleidern (s. Text 2), das sich am Ende in einen Mann verwandelt (AaTh 514), ist in den verschiedensten Ländern anzutreffen, doch relativ sporadisch belegt; die meisten Beispiele finden sich in Irland, Finnland, Litauen, Polen und Südosteuropa.

Das Motiv des Geschlechtswechsels ist vor allem in der klassischen indischen Literatur sehr häufig, aber auch in Europa literarisch schon früh nachgewiesen: Ovid erzählt in den *Metamorphosen* (9,704—797) die Geschichte von Iphis, die — von Mutter und Amme als Knabe ausgegeben und erzogen — vom ahnungslosen Vater mit der schönen Jungfrau Ianthe verlobt wird, sich in diese verliebt und auf Flehen der Mutter von der Göttin Isis schließlich in einen Mann verwandelt wird. In Volkserzählungen scheint die Tendenz vorzuherrschen, daß Männer nur vorübergehend und oft zur Strafe in Frauen verwandelt werden, die Verwandlung von Frauen in Männer hingegen endgültig ist und ihren Wünschen entgegenkommt.

Ohne das Motiv des Geschlechtswechsels sind Erzählungen und Balladen über Mädchen weit verbreitet, die Kriegsdienste leisten und dabei außerordentliche Heldentaten vollbringen. Historische Beispiele für kämpfende Frauen gibt es von Jeanne d'Arc bis zu Dolores Ibarruri, der Pasionaria des Spanischen Bürgerkriegs. Besonders in Ländern, die jahrhundertelang unter Fremdherrschaft litten, so vor allem auf der Balkanhalbinsel (von der unsere beiden Erzähltexte von Frauen in Männerkleidern stammen) oder etwa auf Korsika, griffen Frauen zu den Waffen. Viele Lieder aus den Balkanländern erzählen von dem Mädchen, das als Mann verkleidet zu den Freischärlerverbänden (Haiduken, Klephten) in die Berge ging und sich sogar zum Anführer profilierte. In der portugiesischen Fassung der Ballade vom Mädchen als Soldat werden historische Erinnerungen an eine berühmte portugiesische ›Abenteurerin‹ vermutet: Die 1580 geborene Antónia Rodrigues diente fünf Jahre lang mit großer Auszeichnung im Heer, ehe sie sich als Frau zu erkennen gab, und wurde so berühmt, daß sie 1619 vom spanischen König Philipp III. in Lissabon empfangen wurde. Auf geschichtliche Hintergründe solcher Erzählungen für Westeuropa vom 17. bis zum 19. Jahrhundert weisen Berichte über Frauen hin, die jahrelang unerkannt als Matrosen oder Soldaten ihren Lebensunterhalt verdienten, auch Eheschließungen von Frauen in Männerkleidern sind nachweisbar. Abenteuerlust, bessere Existenzmöglichkeiten, tabuisierte lesbische oder bisexuelle Neigungen oder Protest gegen die traditionelle Rollenzuweisung kommen als Motivationen in Frage.

Der abgedruckte Text, erzählt von Feta Arabadžika, wurde am 13. Juni 1944, also während des Zweiten Weltkriegs, in der Sprache der Roma (Zigeuner) von Rade Uhlik in der Nähe von Niš in Südserbien aufgezeichnet und von Milena Hübschmannová direkt aus dem Romanes ins Deutsche übersetzt. Uhlik stellte seit den dreißiger Jahren eine umfangreiche Sammlung von Roma-Märchen aus dem Kosovo, aus Serbien, Kroatien und Bosnien-Herzegowina zusammen, von der nur wenige Texte veröffentlicht und übersetzt worden sind. Hübschmannová sammelte besonders in den siebziger Jahren viele Märchen von slovakischen Roma. Beide sind ausgezeichnete Kenner des Romanes.

Literatur

Sato, Michio: Geschlechtswechsel. In: EM 5 (1987) 1138–1142.
BP 2, 85 f.; BP 3, 24, 84 f.
Seemann, Erich: Die Gestalt des kriegerischen Mädchens in den europäischen Volksballaden. In: Rheinisches Jahrbuch für Volkskunde 10 (1959) 192–212.
Pires de Lima, Fernando de Castro: A mulher vestida de homem (Contribuição para o estudo do romance »A Donzela que vai à Guerra«). Coimbra 1958.
Lo Nigro, Sebastiano: La canzone della »fanciulla guerriera« nella poesia popolare europea. In: Siculorum Gymnasium n.s. 19 (1966) 1–51.
Dekker, Rudolf/van de Pol, Lotte: Daar was laatst een meisje loos. Nederlandse vrouwen als matrozen en soldaten, een historisch onderzoek. Baarn 1981.
Sozonovič, J.: Pěsne o děvuškě – vojne i byliny o Stavrě Godonovičě. Varšava 1886; vgl. dazu die Rezension von *Alexander Wesselofsky* in: Archiv für slavische Philologie 10 (1887) 224–233.
weitere Lit.: s. Text 2.

13

Das schöne Mädchen

Es waren einmal ein Zar und eine Zarin. Die Zarin besaß einen Spiegel, und den fragte sie: »Gibt es jemanden auf der Welt, der schöner ist als ich?« – »Es gibt ein Mädchen am Ufer eines kleinen Sees, das ist fünfmal schöner«, antwortete der. Die Zarin ließ die Syöjätär-Hexe zu sich rufen und befahl ihr, das schöne Mädchen an einen Ort zu führen, wo nie das Tageslicht hinkommt. Da ging die Syöjätär-Hexe hin und führte das schöne Mädchen in einen tiefen finstern Wald, wo sie nicht wußte, wohin sie gehen sollte.

Das Mädchen ging und ging und fand schließlich ein Haus, zu groß für ein Haus, zu klein für ein Schloß. Das Mädchen ging hinein und sah dort Leichname und Blut auf dem Boden, doch keinen Bewohner. Das Mädchen wusch und reinigte den Fußboden überall und blieb dort wohnen. Am Abend kamen neun Männer in das Haus, das waren Räuber, denen das Haus auch gehörte, doch das Mädchen hatte sich unter einem Bett versteckt. Die Männer brachten wieder Tote mit, doch als sie alles sauber sahen, brachten sie sie wieder hinaus und meinten: »Eine Schwester wie eine Schwester, einen Bruder wie einen Bruder.« Als das Mädchen das hörte, kam es unter dem Bett hervor und rief: »Nehmt mich als eure Schwester!« Das taten sie dann. Das Mädchen verbot ihnen, etwas Böses zu tun, zu stehlen und zu morden, und sie hörten auch auf das Mädchen. Am nächsten Tag gingen die Männer nur auf Vogeljagd in den Wald und trugen dem Mädchen auf, die Türen gut zuzuhalten und keinen hereinzulassen.

Die Zarin schaute wieder in den Spiegel und fragte: »Gibt es jemanden in der Welt, der schöner ist als ich?« Der Spiegel antwortete: »Dort ist ein Mädchen, das ist fünfmal schöner als du und sie lebt besser als du.« Da rief die Zarin wieder die Syöjätär-Hexe herbei, gab ihr ein Hemd, das sollte sie dem Mädchen als Geschenk bringen. Die Syöjätär-Hexe brachte dem Mädchen das Hemd und sprach: »Die Zarin schickt dir dieses Hemd als Geschenk, nimm es hin!« Erst wollte das Mädchen nicht, nahm es aber dann doch. Das Mädchen ging dann in die Sauna baden, zog sich danach das Hemd an, starb aber auf der Stelle. Nun kamen die Männer von der Jagd und baten ganz fein: »Schwesterchen, mach die Tür auf!« Aber wie kann eine Tote die Tür öffnen! Die Männer schlugen die Tür ein, gingen hin und sahen, daß die Schwester tot war, da begannen sie alle laut zu weinen. Sie wollten das Mädchen waschen und zogen ihr das Hemd aus, da wurde es wieder lebendig, sprang auf und rief: »Hu, wie lange habe ich geschlafen!« Am nächsten Tage zogen die Brüder wieder auf die Jagd und warnten sie: »Mach die Tür zu und laß niemanden ein, wenn auch Gold und Silber fuhrenweise gebracht würden!«

Die Zarin blickte wieder zu Hause in den Spiegel und sprach: »Gibt es jemanden, der schöner ist als ich?« »Jawohl«, antwortete der Spiegel, »das gleiche Mädchen dort ist fünfmal schöner als du und hat bessere Tage als du!« Die Zarin rief wieder die Syöjätär zu sich, gab ihr einen Ring und sprach: »Bring dem Mädchen diesen Ring als Geschenk!« Doch das war so ein Ring, wenn man ihn aufsetzte, starb man sogleich. Die Syöjätär brachte ihn dem Mädchen und sprach: »Nimm diesen Ring!« Das Mädchen wollte ihn erst nicht nehmen, tat es dann aber doch durch das Fenster. Wieder ging das Mädchen baden, kam herein, nahm den Ring vom Fenster, um ihn anzuschauen und steckte sich ihn sogar an, doch im gleichen Augenblick starb sie. Wieder kamen die Brüder nach Hause und baten sehr ergeben: »Schwesterchen, mache die Tür auf!« Doch eine Tote kann ja nicht öffnen. Sie brachen die Tür ein, gingen hin und sahen, daß die Schwester tot war. Da weinten die Brüder. Dann fertigten sie einen goldenen Sarg an, legten das Mädchen hinein und stellten den Sarg auf eine goldene Säule. Dann steckten sie neun eiserne Speere um den Pfahl auf und ein jeder von ihnen sprang auf einen Speer, so daß sie alle umkamen.

Da kam zufällig der Sohn des Zaren auf der Vogeljagd dort vorbei. Die Männer auf den Speeren waren schon vermodert und heruntergefallen, doch das Mädchen im Sarg sah aus, als sei es lebendig und war doch tot. Der Junge zog seinen Mantel aus, nahm den Sarg mit dem Mädchen herunter, wickelte ihn gut ein, trug ihn nach Hause und stellte den Sarg dort in sein Zimmer unter sein Bett. Der Junge machte auch ein Loch in sein Bett und betrachtete durch diese Öffnung immer das Mädchen. Das tat er so viel, daß er gar nicht mehr aß, und er wurde immer magerer und dünner, bis schließlich nur ein Schatten übrig war.

Nun erhielt der Junge den Befehl, für ein Jahr aufs Meer in den Krieg zu ziehen. Bevor er wegzog, verschloß er sein Zimmer, gab den Schlüssel seiner Mutter und sprach: »Niemand darf dort hineingehen. Wenn ich nicht nach einem Jahr zurückgekommen bin, und Sie haben nichts von mir gehört, erst dann können Sie hineingehen.« Das Jahr war beinahe zu Ende und keine Nachricht war von ihm gekommen. Da wollte die Zarin in sein Zimmer gehen und nachsehen, was dort sei. Sie kamen und sahen den goldenen Sarg unter dem Bett, in dem ein unvergleichbar schönes Mädchen lag. Sie sahen, daß das Mädchen aussah wie lebendig und doch tot war. Dann wurden arme Mädchen herbeigeholt, die sollten den Leichnam waschen, damit er beerdigt werden könne. Da sie jedoch die Goldringe sahen, dachten die Wäscherinnen: »Was macht die Tote schon mit den Ringen!« Und sie zogen ihr die Ringe ab, doch gleich erwachte das Mädchen, stand auf und rief: »Hu, wie lange habe ich geschlafen!« Der Zar hatte jedoch eine Tochter, die ganz ähnlich aussah, doch dieses Mädchen war noch schöner. Man ließ es mit der Zarentochter im gleichen Zimmer wohnen.

Als der Sohn des Zaren nach Hause kam, ging er bald in sein Zimmer, doch da fand er den Sarg unter dem Bett nicht mehr. Da wollte sich der Junge das Leben nehmen und sprach: »Das wäre ja auch zuviel gewesen, wenn ich die Tote hätte behalten können.« Er befahl, das Schwert seines Vaters vom Strand zu bringen. Doch der Zar sprach: »Mein Sohn, du hast doch auch sonst auf mich gehört, gehorche mir nun noch ein letztes Mal. Wir wollen erst alle Zimmer durchschauen.« Zusammen gingen sie nun in jedes Zimmer und kamen zuletzt auch in das der Schwester. Da sprach der Zar: »Schau dir deine Schwester noch ein letztes Mal mit ganzer Seele an!« Als der Junge hinsah, sah er ein anderes Mädchen, das war viel schöner als seine eigene Schwester. Und er erkannte sie sogleich. Der Zarensohn heiratete das schöne Mädchen dann, und die Hochzeit dauerte eine Woche. Ich war auch dabei, doch kam der Nordwind, der mich hierher brachte.

Finnische Volkserzählungen. Herausgegeben von *Lauri Simonsuuri* und *Pirkko-Liisa Rausmaa*. Walter de Gruyter & Co., Berlin 1968, Nr. 59, S. 98–100.

Kommentar

Die Geschichte vom Schneewittchen (AaTh 709) wurde in fast allen europäischen Ländern aufgezeichnet, darüber hinaus in Mittelamerika, bei den Frankoamerikanern, vereinzelt auch in Asien und Afrika. Ihre außerordentliche Beliebtheit verdankt sie der Verbreitung durch das Buchmärchen. Noch vor der inzwischen weltberühmten Fassung der Grimms (KHM 53) wurden in Deutschland Schneewittchen-Versionen veröffentlicht: die historisierende Erzählung *Richilde* (1782) aus den *Volksmährchen der Deutschen* des Johann Karl August Musäus (die Heldin heißt hier Blanca, die Weiße) und das Kinderstück *Das Mährchen vom Schneewittchen* (1809) des nicht mit den Brüdern verwandten Albert Ludwig Grimm. Auch Puškin hat das Märchen literarisch verarbeitet (1834), und schon bei Shakespeare klingen *Schneewittchen*-Motive an: In seinem Romanzendrama *Cymbeline* (1608/09), das auf dem populären Erzählstoff von der Wette um die Keuschheit der Ehefrau (AaTh 882; s. Kommentar zu Nr. 2) beruht, sucht die Königstochter Imogen in einer Höhle Zuflucht und verfällt in einen todesähnlichen Schlaf, in den sie ein angeblicher Heiltrunk ihrer Stiefmutter versetzt. Eine *Schneewittchen*-Vorform, in Verbindung mit Zügen anderer Märchen, läßt sich in Basiles *La schiavottella* (2,8) erkennen: Lisa ruht jahrelang wie tot in einem siebenfachen Kristallsarg, weil sie bei ihrer Geburt von einer Fee verwünscht wurde, eigentlich aus Versehen; diese war gekommen, um einen Glückssegen auszusprechen, hatte sich aber in der Eile den Fuß verstaucht, und dabei war ihr der Fluch entfahren, das Kind solle in seinem siebten Jahr an einem Kamm sterben, der ihm in den Haaren steckenbleibe. Dies läßt an *Dornröschen* (AaTh 410, KHM 50) denken; im übrigen sind noch mehr solcher Mischformen festzustellen, und nicht nur mit *Dornröschen*, sondern auch mit *Aschenputtel* (AaTh 510 A, KHM 21), den *Sieben Raben* (AaTh 451, KHM 25) und anderen Märchen.

Die finnische Variante weicht in vielem von der gewohnten Grimm-Fassung ab. Da familiäre Streitigkeiten entfallen, gewinnt die Selbstverliebtheit der Zarin und ihre Eifersucht auf jede noch schönere Frau als handlungsauslösendes Moment stärkeres Gewicht. Anstatt des bekannten Farbenvergleichs (so weiß wie Schnee, so rot wie Blut und so schwarz wie Ebenholz), der in anderem Zusammenhang schon bei Basile (4,9: *Lo cuorvo*; vgl. auch 5,9: *Le tre cetre*) erscheint, werden hier zur Beschreibung der Schönheit nur Zahlen herangezogen: Das Mädchen ist fünfmal schöner als die Zarin (bei den Brüdern Grimm tausendmal schöner als die Königin, in einem ungarischen Märchen am Ende sogar 77 000mal schöner als die böse Mutter). Während Schneewittchen in eine Zwergenidylle gelangt, kommt das finnische Mädchen an einen Ort des Grauens, das Mordhaus gefährlicher Räuber, die es als Schwester annehmen; und dies ist keineswegs eine finnische Sonderform – Räuber als Adoptivbrüder begegnen uns auch in dänischen, schwedischen, lettischen, ungarischen, ostslavischen und italienischen Erzählungen.

In der Abschlußepisode des *Schneewittchen*-Märchens sind gewisse Parallelen zu einer Sage über Karl den Großen zu erkennen, der sich von seiner toten Frau nicht trennen konnte und ihren Leichnam dreizehn Jahre mit sich führte (Brüder Grimm, *Deutsche Sagen* [1816], Nr. 459, vgl. Nr. 458). Die Brüder Grimm zwar bringen ihre Schneewittchen-Geschichte rasch zu einem glücklichen Ende, in der finnischen Version jedoch wird die doch recht bedenkliche Totenliebe des Prinzen ausführlich geschildert, und auch dies ist in der Erzählüberlieferung durchaus kein Einzelfall: Ist Schneewittchen wirklich ein Kindermärchen?

Über unsere finnische Variante ist lediglich bekannt, daß sie 1882 von J. Kyllönen in Russisch-Karelien aufgezeichnet wurde. Die Originalfassung befindet sich im Volksdichtungsarchiv der Finnischen Literaturgesellschaft in Helsinki, das mit etwa zwei Millionen Texten eines der größten Erzählarchive der Welt ist. Der Anteil der Märchen wird auf 20 000 bis 40 000 Texte geschätzt, davon sind ungefähr 7000 Zaubermärchen.

Literatur

Böklen, Ernst: Sneewittchenstudien, 2 Bände. Leipzig 1910/15.
BP 1, 450–464.
Scherf, 364–369.

14

Der dumme Jack und seine kluge Mutter

Weißt du, da war eine alte Frau, und die hatte ein winziges Stückchen Land gepachtet, und sie hatte einen Sohn, der wurde Jack genannt – aber der war wirklich total übergeschnappt, und ... aber sie verhätschelte ihn trotzdem, sie hatte sonst niemand außer ihn, und natürlich machte er alle Arbeit zu Hause. Aber sie waren sehr arm, sehr, sehr arm; sie hatten gerade genug zum Leben.

Und einmal ging sie weg, und sie sagte: »Also, Jack«, sagt sie, »ich geh heute weg, aber vielleicht bin ich rechtzeitig wieder da, bevor der Pachteinnehmer geht – er kommt vielleicht irgendwann am Nachmittag. Und mach ein großes Torffeuer, damit der Einnehmer es schön warm hat, wenn er hier sitzt und auf mich wartet, weil er hier sein kann, bevor ich zurück bin. Denk daran und mach ein gutes Feuer.«

Und er sagt: »Ja, Mutter, ich mach schon ein gutes Torffeuer«, sagt er, »und ich hab das Feuer brennen, wenn der Pachteinnehmer vorbeikommt.«

»Na gut«, sagt sie, »Junge, tu das, und ich bleib nicht lange weg.« Und fort ist seine Mutter aus dem Haus.

Und natürlich, als sie eine Stunde weg ist oder zwei, da kommt der Pachteinnehmer, der seine Halbjahrspacht holen will, weißt du. Und der Pachteinnehmer sagt: »Deine Mutter da, Jack?«

»Nee, nee«, sagt er, »meine Mutter ist heute fort. Aber sie hat mir gesagt, ich soll Ihnen sagen, setzen Sie sich hin und ruhen Sie sich aus und wärmen Sie sich auf, und sie bleibt nicht lange weg. Sie will nicht, daß Sie gehen«, sagt er, »bis sie zurück kommt, und dann kriegen Sie Ihr Geld.«

»Na gut«, sagt er, »Jack, ich setz mich hin und ruh' mich aus.« Also, der Pachteinnehmer setzte sich natürlich in den Stuhl gegenüber von dem großen Torffeuer, weil es ein sehr kalter Tag war, und er machte es sich so gemütlich wie er konnte. Aber wegen der Hitze von dem Feuer schläft der Pachteinnehmer ein.

Und der arme Jack, der saß auf der andern Seite von dem Feuer und versuchte, es s i c h so gemütlich zu machen wie er konnte, bis seine Mutter kommt. Und natürlich schaut er dabei den Einnehmer an, und der Einnehmer schläft tief und fest ein wegen der Hitze von dem Feuer ... und Jack sitzt da und schaut ihm ins Gesicht.

Also, auf einmal war da eine große dicke Fliege, die setzte sich dem Pachteinnehmer auf die Stirn, verstehst du, auf seine kahle Stirn, und Jack war ganz gebannt von dieser Fliege, und die spazierte auf dem Glatzkopf des Einnehmers hin und her, verstehst du, und auf seiner Stirn. Da beobachtete er sie eine Zeitlang, aber weil er nicht ganz recht im Kopf war, Gott steh uns bei, konnte er sich nicht helfen, und er sagt: »Geh dem Herrn von der Stirn runter, Mann!« Aber natürlich ging die Fliege nicht runter.

Er wartet ein kleines bißchen, er sagt — als die Fliege immer noch auf seinem Glatzkopf rumläuft, und auf seiner kahlen Stirn — also er sagt: »Geh dem Herrn von der Stirn runter, Mann!«

Aber die Fliege bleibt immer noch auf seiner Stirn sitzen, und er sitzt noch ein bißchen länger da, und er beobachtet sie, und er fängt an, sich jetzt über die Fliege ein kleines bißchen aufzuregen, also sagt er: »Geh dem Herrn von der Stirn runter, Mann! ... Oh Gott, du Arschloch«, sagt er, »willst du wohl runtergehen?«

Da steht der arme Jack auf, und er hebt die Axt, die dastand, weil er Holz damit kleingemacht hat, und er haut auf die Fliege, um sie dem Herrn von der Stirn zu schlagen, aber natürlich haut er nur allzu gut auf die Fliege, er hat den Pachteinnehmer umgebracht! verstehst du?

Als seine arme Mutter nach Hause kam, sieht sie natürlich den Einnehmer mit seinem Kopf daliegen, der von der Axt gespalten war. Da merkte sie, was ihr armer dummer Sohn getan hatte, und sie wußte, daß er damit nicht so einfach davonkommen würde — jetzt könnten sie ihr ihren Sohn wegnehmen und ihn in irgendeine Anstalt bringen.

Und weil er alles war, was sie hatte, wollte sie natürlich kämpfen, um ihren Sohn zu retten.

Also, sie hatten ein Tier, eine große Ziege, einen großen Ziegenbock, und das wurde »der Pachteinnehmer« gerufen. So hieß es. Naja, er war nicht sehr gescheit, aber er war nicht so dumm, wie sie es aussehen ließ. Also, sie überlegte sich, daß es nur einen einzigen Ausweg gab, um ihren Sohn zu retten, nämlich, daß sie ihn schlimmer erscheinen ließ, als er war, damit es wirklich so aussah, als ob er total verwirrt wäre.

Also nahmen sie den Pachteinnehmer, und sie begruben ihn, er und sie. Verstehst du? Aber sie wußte, daß er es der Polizei erzählen würde, wenn sie vorbeikommen würden, um nach dem Pachteinnehmer zu fragen, verstehst du; sie wußte, er würde es der Polizei erzählen. Also tötete sie den Ziegenbock, und sie legte ihn ... sie nahm den Pachteinnehmer aus dem Grab, in dem sie und er ihn begraben hatten, und sie legte den Ziegenbock in dasselbe Grab, verstehst du? Und sie ging ein Stück weiter, und sie legte — machte ein neues Grab, und legte den Pachteinnehmer selbst in das neue Grab — verstehst du? — ohne Jacks Hilfe.

Dann stieg sie zum Schornstein hinauf, und sie sagte zu ihm, er sollte den Schornstein hinaufschauen, aber bevor sie zum Schornstein hinaufstieg, machte sie einen Topf Porridge mit Milch — verstehst du? Dann sagte sie zu ihm: »Schau den Schornstein hinauf«, und als er den Schornstein hinaufschaute, goß sie den Topf mit dem kalten Porridge und der Milch aus, und als es den Schornstein runterkam, schlang der arme Irre es runter — verstehst du?

Da sagte sie ihm, daß es Porridge und Milch regnen würde, und das glaubte er auch, als es den Schornstein runterkam.

Also jedenfalls, sowieso geht ein bißchen Zeit vorüber, und die Polizei kam überall vorbei und fragte alle, ob sie den Pachteinnehmer gesehen hätten, wann sie ihn zuletzt gesehen hätten und um welche Zeit und um wieviel Uhr.

Also kamen sie natürlich auch zu Jack und seiner Mutter. Da fragten sie ihn, und also sagte sie ihnen, wann sie ihn gesehen hatte. (Und paß auf, natürlich versteckte sie die Tasche mit dem Geld.)

Also jedenfalls fragte die Polizei sie sowieso vorwärts und rückwärts aus, aber der arme dumme Jack sagt: »Ja Gott, Mann«, sagt er, »ich hab den Pachteinnehmer umgebracht!« (Seine Mutter wußte, daß er das sagen würde, verstehst du, daß er die Wahrheit sagen würde.)

»Ach, du hast den Pachteinnehmer umgebracht«, sagt die Polizei. »Und wo hast du ihn vergraben?«

»Ach Gott, Mann«, sagt er, »ich und meine Mutter haben ihn da droben begraben. Kommt«, sagt er, »und ich zeig's euch«, sagt er, »wo ich den Pachteinnehmer begraben hab.«

Natürlich ging da die Polizei mit ihm hinauf, um sich anzusehen, wo er den Pachteinnehmer begraben hatte ... Und seine Mutter kam mit ihm hinauf.

»Mein Gott«, sagt sie, »hört doch nicht auf den armen dummen Kerl«, sagt sie, »er weiß nicht, was er spricht«, sagt sie. »Er ist nicht ganz richtig im Kopf«, sagt sie, »ihr solltet ihn nicht ausfragen, und er wird immer bloß ja sagen, und«, sagt sie, »aber natürlich«, sagt sie, »könnt ihr das Grab aufmachen«, sagt sie. »Aber«, sagt sie, »da werdet ihr staunen.«

»Jetzt halt den Mund jetzt, Mutter«, sagt er. »Ich habe den Pachteinnehmer umgebracht«, sagt er. »Und ich und du haben ihn hier begraben.«

»Na gut, na gut«, sagt sie, »ist ja recht. In was für einer Nacht«, sagt sie, »war das — als du den Pachteinnehmer umgebracht hast?«

»Mein Gott, Mutter«, sagt er, »ich kann mich gut daran erinnern«, sagt er, »das war doch der Tag«, sagt er, »an dem es Porridge und Milch geregnet hat.«

»Ach, du lieber Himmel«, sagt der Polizist, »der Mann«, sagt er, »ist ja überhaupt«, sagt er, »nicht recht im Kopf«, sagt er (als sie hörten, daß er sagte, daß es Porridge und Milch geregnet hätte). »Aber«, sagt er, »wir müssen das Grab trotzdem aufmachen«, sagt er. »Er besteht darauf«, sagt er, »daß er den Pachteinnehmer umgebracht hat, und wir müssen das Grab aufmachen.«

Da sahen sie, daß es ein neues ... ein neugegrabenes Grab war.

Da fingen sie zu graben an, und sie gruben das Grab auf. Und da holten sie das Ding, das in dem Grab begraben war, heraus. Und als sie es herausholten, war es der Ziegenbock, und er hatte Hörner, weißt du?

Und als sie ihn herauszogen, da schaute der arme Irre auf das Ding, das sie aus dem Grab zogen, er erwartete, daß er den toten Mann sehen würde, aber als er sah, daß der Ziegenbock herauskam — dachte er immer noch, es wäre der Mann, weil er sagte:

»Allmächtiger Gott«, sagte er, »Mutter, er hat Hörner und einen Schnurrbart bekommen, seit wir ihn neulich hier begraben haben.«

Und der Polizist sagt deshalb: »Ach, du lieber Himmel«, sagt er, »der arme Kerl«, sagt er, »auf den darf man nicht hören.«
Und deshalb ließen sie den Fall auf sich beruhen, und von dem Pachteinnehmer sah oder hörte man nie mehr. Das Ganze war nämlich so, die Behörden glaubten, daß der Pachteinnehmer mit allem Geld abgehauen wäre und daß man ihn nicht erwischen könnte. Und deshalb behielten der arme Jack und seine Mutter das ganze Geld, und er war frei von dem Mord und blieb ja bei seiner armen alten Mutter.

Briggs, Katharine M.: A Dictionary of British Folk-Tales in the English Language. Part A: Folk Narratives, Band 2. Routledge & Kegan Paul, London 1970, S. 265–268. Übersetzung: Christine Shojaei Kawan.

Kommentar

Diese Geschichte von der klugen und fürsorglichen Mutter, die ihren einfältigen Sohn vor der Bestrafung für den von ihm begangenen Totschlag rettet (AaTh 1381 B), ist bisher äußerst selten, dabei jedoch aus weit auseinanderliegenden geographischen Gebieten dokumentiert (zum Beispiel Schweden, Indien). Sehr verbreitet – in fast allen europäischen Ländern, im Mittelmeerraum und im Orient – hingegen ist eine ähnliche Erzählung: Der dumme Sohn findet einen Schatz, und die Mutter inszeniert aus Sorge, daß der Reichtum durch dessen Schwatzhaftigkeit wieder verlorengehen könnte, ebenfalls einen Wunderregen, um seine Aussagen unglaubwürdig erscheinen zu lassen. Dabei regnet es meist landesübliche Nahrungsmittel: in Schottland Porridge, in Italien Feigen und Rosinen (Basile, *Pentamerone* 1,4: *Vardiello*). In den Erzählungen von der Rettung des Schatzes können Mutter und Sohn auch durch ein Ehepaar ersetzt sein, wobei manchmal die Ehefrau, manchmal der Ehemann als einfältig dargestellt wird. Und noch mit einer anderen, ebenfalls in ganz Europa verbreiteten Erzählung (AaTh 1600) zeigt unsere Geschichte enge Berührungspunkte: Brüder retten den dummen Jüngsten vor der Verurteilung wegen Totschlags auf die gleiche Weise wie hier die Mutter ihren Sohn – sie tauschen den Leichnam des Erschlagenen gegen einen Tierkadaver aus; das Motiv des Wunderregens allerdings fehlt.

Dem abgedruckten Text liegt die wortgetreue Tonbandabschrift einer vor etwa dreißig Jahren aufgezeichneten schottischen Dialekterzählung zugrunde. Die schwankhaft überzogenen Vorgänge liegen zwar völlig im Bereich des Fiktiven, werden aber durch die Einbindung in ein Alltagsmilieu und durch Detailrealismus sehr wirklichkeitsecht vergegenwärtigt. Die Erzählerin ist die berühmte Jeannie Robertson aus Aberdeen (gestorben 1975), die als die größte Sängerin traditioneller schottischer Balladen gilt und auch über die Grenzen Großbritanniens hinaus bekannt wurde. Sie wurde in den fünfziger Jahren von dem Volkskundler Hamish Henderson entdeckt, der unsere Erzählung aufgezeichnet hat. Henderson, der auch als Dichter und Übersetzer italienischer Schriftsteller hervortrat, ist ein bedeutender Sammler von Volksüberlieferungen, vor allem von Liedern und Erzählungen − von denen viele von den sogenannten Travellers stammen, zu denen auch Jeannie Robertson gehört − und hatte entscheidenden Einfluß auf das schottische Folksong Revival.

Literatur

Köhler, Ines: Frau: Die geschwätzige F. (AaTh 1381, 1381 A−D). In: EM 5 (1987) 148−159.
Gower, Herschel: Jeannie Robertson: Portrait of a Traditional Singer. In: Scottish Studies 12 (1968) 113−126.
Ders.: Jeannie Robertson: an Appreciation. Ebd. 19 (1975) 75 f.

15.

Iwan Zarewitsch und Blauäuglein, die Heldenjungfrau

Das ist auf dem Meere gewesen, auf dem Ozean; auf der Insel Kidan, da steht ein Baum, der hat goldene Wipfel, und auf diesem Baum geht der Kater Bajun umher; geht er nach oben, singt er ein Lied, und geht er nach unten, erzählt er Märchen.

Das wäre ein Spaß und ein Vergnügen, da zuzusehen. Das ist noch nicht das Märchen, sondern erst die Einleitung; das Märchen kommt erst. Dieses Märchen wird von Morgen bis Nachmittag dauern, bis nach dem weichen Vesperbrot. Jetzt nun wollen wir das Märchen beginnen. Es war in irgendeinem Zarenreich, einem fremden Staat, da lebte ein Zar mit seiner Zarin. Der Zar und die Zarin hatten drei Söhne. Der älteste Sohn hieß Fjodor Zarewitsch, der zweite Sohn Wassili Zarewitsch, und der jüngste Sohn hieß Iwan Zarewitsch.

Dieser Zar veranstaltete ein Fest für alle Welt. Er hatte zu seinem Fest Fürsten und Bojaren und kühne Recken eingeladen. »Wer von euch würde, ihr Burschen, durch dreimal neun Länder ins zehnte Reich reisen, zur Jungfrau Blauäuglein? Würde von dieser Jungfrau Blauäuglein Wasser des Lebens und den Krug mit den zwölf Schneppen holen? Ich würde diesem Reiter ein halbes Reich verschreiben und einen halben Edelstein.« Bei diesem Fest versteckt sich der Große hinter dem Mittleren, und der Mittlere versteckt sich hinter dem Kleinsten, vom Kleinsten aber kommt keine Antwort. Da tritt sein ältester Sohn Fjodor Zarewitsch vor und sagt: »Wir haben keine Lust, das Reich fremden Leuten zu geben. Ich will diese Fahrt machen, diese Dinge holen und dir, Vater, geben.« — »Nun, liebes Kind! Möge unser eigenes Gut uns auch zuteil werden.« Also schön; Fjodor Zarewitsch geht nun durch die Pferdeställe, wählt sich ein Pferd, das noch keiner geritten, zäumt es mit einem Zügel, der noch kein Pferd gezäumt, nimmt eine Peitsche, die noch keiner geschwungen, legt ihm zwölf Gurte und einen an, nicht des schönen Aussehens wegen, sondern um seine Stärke, seine Kühnheit zu zeigen. Der Zarewitsch machte sich auf den Weg; man sah, daß er aufsaß, aber sah nicht, in welcher Richtung er davonjagte. Reitet er nun nah oder fern, tief oder hoch, zwischen Himmel und Erde, im fremden Land, — er gelangte zu einem Berg. Den halben Berg ritt er hoch, da liegt auf halber Höhe eine steinerne Platte, und auf diese Platte ist eine Aufschrift geschrieben, sind Kerben eingekerbt: »Drei Wege. Auf dem ersten Weg — selber hungrig sein; auf dem zweiten — selber satt, aber das Pferd hungrig, und auf dem dritten — mit einem Mädchen schlafen.« Da überlegt er bei sich: »Bin ich selber hungrig, werde ich kaum lange leben; auf einem hungrigen Pferd werde ich nicht weit kommen, aber mit einem Mädchen schlafen, das will ich — dieser Weg ist der allerbeste für mich.« Er schlug den Weg ein, wo stand »mit einem Mädchen schlafen«, und gelangt auf einmal zu einem einsamen Haus. Da kommt ein Mädchen herausgerannt: »Liebster, schon komme ich, aus dem Sattel heb ich dich; du sollst mit mir Brot und Salz essen und zur Nacht schlafen.« — »Ach, Mädchen, Brot und Salz essen will ich nicht, und im Schlaf kann ich meinen Weg nicht verkürzen. Ich muß weiterreiten.« — »Ach, Zarensohn, eile nicht zur Weiterreise, eile zum Mahl!«

Sie führt ihn ins Schlafgemach: »Leg du dich an die Wand, ich will mich an den Rand legen. Dir werde ich dann zu essen und mir zu trinken bringen.« — »Ach, schönes Mädchen, bei Christus ist die Nacht überall gleich.« — »Bei mir aber etwas länger als bei den Menschen!«

Er legte sich an die Wand, sie stürzte das Bett um, und, marsch, flog er hinab, in eine Grube vierzig Saschen* tief. Da sitzt er nun lange, und es verging eine ganz hübsche Zeit.

Nun veranstaltet sein Vater zum zweitenmal ein Fest, und wieder für alle Welt. Auch zu diesem Fest hatte sich allerhand Publikum versammelt: Zaren, Zarensöhne, Könige, Königssöhne — alle hatten sich zu diesem Ball versammelt.

Da sagt dieser Zar: »Wer wohl, ihr Burschen, fände sich unter denen, die auserwählt sind, und fände sich unter denen, die Lust haben, in eben dieses Reich zu reiten, zu dieser Jungfrau Blauäuglein, diese Dinge zu holen und mir, dem Zaren, Wasser des Lebens zu bringen?« Schön: unter diesem Publikum versteckt sich der Große hinter dem Mittleren, und der Mittlere versteckt sich hinter dem Kleinsten, vom Kleinsten aber kommt keine Antwort. Da tritt wieder ein Sohn von ihm vor, der mittlere, Wassili Zarewitsch: »Väterchen! Ich habe keine Lust, das Reich in fremde Hände zu geben, aber Lust, die Dinge zu holen und in deine Hände zu legen.« — »Nun, liebes Kind! Unser eigenes Gut soll uns auch wieder zuteil werden.«

Wassili Zarewitsch geht also durch die Pferdeställe und wählt sich

---

* Längenmaß im zaristischen Rußland = 3 Arschin = 7 Fut = 213,34 cm. (Anm. d. Übers.)

ein Pferd, das noch keiner geritten, zäumt es mit einem Zügel, der noch kein Pferd gezäumt, und nimmt eine Peitsche, die noch keiner geschwungen. Auch er legt ihm zwölf Gurte und einen an, nicht wegen des schönen Aussehens, sondern wegen seiner Reckenstärke, wegen des Heldenruhms. Der Zarewitsch machte sich auf den Weg. Man sah, daß er aufsaß, aber sah nicht, in welcher Richtung er davonjagte. Auch er kommt zu diesem Berge. Auf halber Höhe liegt die Platte, und auf diese Platte ist eine Unterschrift geschrieben, sind Kerben eingekerbt: »Drei Wege trennen sich. Auf dem ersten Wege reiten — selber hungrig sein; auf dem zweiten — selber satt, aber das Pferd hungrig, und auf dem dritten — mit einem Mädchen schlafen.« Dorthin wandte er sich: »Auf hungrigem Pferd kann ich nicht weiterreiten, und selber kann ich nicht lange weiterleben, aber mit einem Mädchen schlafen — dieser Weg ist für mich der allerbeste!« Und auch er schlug den Weg »mit einem Mädchen schlafen« ein und gelangt zu dem einsamen Haus. Da sagt das Mädchen: »Der Liebste kommt, schon geh ich, ihn aus dem Sattel heb ich. Er soll mit mir Brot und Salz essen und zur Nacht schlafen.« — »Aber ich will nicht Brot und Salz essen, und ruh ich aus, kann ich meinen Weg nicht verkürzen.« — »Ach, edler Held, Zarensohn, eile nicht zur Weiterreise, eile zum Mahl!« Da legte er sich arglos aufs Bett schlafen. Sie aber warf auch ihn hinab: »Wer kommt geflogen?« — »Wassili Zarewitsch! Und wer sitzt dort?« — »Fjodor Zarewitsch!« — »Nun, Brüderchen, wie sitzt sich's denn?« — »Ach, nicht übel. Hungers läßt sie einen nicht sterben, aber satt zu essen gibt sie einem auch nicht — ein Pfund Brot und ein Pfund Wasser.« — »Ach, Bruderherz, da sitzen wir schön in der Patsche!« — Und da sitzen diese Helden nun, die Zarenkinder.

Jener Zar veranstaltet wieder ein Fest für alle Welt. Er hatte zu seinem Fest Fürsten und Bojaren und kühne Recken eingeladen. »Wer von euch würde, ihr Burschen, durch dreimal neun Länder ins zehnte Reich reisen, zur Jungfrau Blauäuglein? Würde von dieser Jungfrau Blauäuglein Wasser des Lebens und den Krug mit den zwölf Schneppen holen? Ich würde diesem Reiter ein halbes Reich verschreiben und einen halben Edelstein.« Auf diesem Fest versteckt sich der Große hinter dem Mittleren, und der Mittlere versteckt sich hinter dem Kleinsten, vom Kleinsten aber kommt keine Antwort.

Da tritt sein jüngster Sohn Iwan Zarewitsch vor und sagt: »Wir haben keine Lust, das Reich fremden Leuten zu geben. Ich will diese Fahrt machen, diese Dinge holen und dir, Vater, geben.« — »Nun, liebes Kind! Möge unser eigenes Gut uns auch zuteil werden.«

Also schön: Iwan Zarewitsch geht nun durch die Pferdeställe, wählt sich ein Pferd, das noch keiner geritten, zäumt es mit einem Zügel, der noch kein Pferd gezäumt, nimmt eine Peitsche, die noch keiner geschwungen, legt ihm zwölf Gurte und einen an, nicht des schönen Aussehens wegen, sondern wegen seiner Reckenstärke, wegen des Heldenruhms. Der Zarewitsch machte sich auf den Weg. Reitet er nun nah oder fern, tief oder hoch, zwischen Himmel und Erde, im fremden Land, — er gelangte zu dem Berg. Den halben Berg ritt er hoch, da liegt auf halber Höhe die steinerne Platte, und auf diese Platte ist eine Aufschrift geschrieben, sind Kerben eingekerbt: »Drei Wege. Auf dem ersten Weg — selber hungrig sein; auf dem zweiten — selber satt, aber das Pferd hungrig, und auf dem dritten — mit einem Mädchen schlafen.«

Er schlug den Weg ein, wo stand »selber hungrig sein«. Und er kommt zu einem einsamen Haus. Steht da ein Haus, eine Hütte, auf einem Hühnerbein, auf einer Hundepfote. »Diese Hütte — zum Wald mit der Hinterseit und zu mir mit der Vorderseit!« Die Hütte drehte sich zum Wald mit der Hinterseite und zu ihm mit der Vorderseite. Er ging hinein, da sitzt dort ein steinaltes Weib, eine Baba-Jagá, brüht Seide und wirft die Fäden über einen Querbalken. »Ach«, sagt sie, »lange hab ich kein Menschenfleisch zu sehen gekriegt: jetzt ist es von selbst zu mir gekommen. Ich will diesen Menschen braten, er soll die weite Welt nicht wiedersehen.« — »Ach, du alte Baba-Jagá, du Einbein, hast den Vogel noch nicht gefangen und rupfst ihn, hast den Burschen noch nicht erkannt und beschimpfst ihn. Du solltest sogleich aufspringen, dem edlen Helden, dem Wandersmann, zu essen geben und für die Nacht ein Lager bereiten; ich lege mich zur Ruhe nieder, und du könntest dich zu mir ans Kopfende setzen, könntest fragen, und ich würde erzählen, wer bist du und woher, lieber Mann? Wie heißt du?« Da machte die Alte alles so, gab ihm zu essen, wie es sich gehört, setzte sich ans Kopfende und begann zu fragen, und er begann zu erzählen. »Wer bist du, mein Lieber, und woher, und wie heißt du? Aus welchem

Lande bist du, und aus welchem Stamm, und welchen Vaters, welcher Mutter Sohn?« — »Ich bin, Großmütterchen, aus dem und dem Zarenreich, einem fernen Land, der Zarensohn Iwan Zarewitsch bin ich. Ich bin ausgezogen, durch dreimal neun Länder und dreimal neun Seen zu reiten, in ein fernes Reich zur Jungfrau Blauäuglein, Wasser des Lebens und der Jugend zu holen; ich bin ein Sendbote meines Vater.« — »Nun, mein liebes Kind! — Eben diese starke Heldenjungfrau ist meine Nichte, meines Bruders Tochter; ich weiß nicht, ob du dieses Gut bekommst, mein Lieber.« Am nächsten Morgen stand er in aller Frühe auf und wusch sich aufs gründlichste. Verneigte sich nach allen vier Himmelsrichtungen und dankte ihr für das Nachtlager.

»Es braucht keinen Dank, Iwan Zarewitsch! Jedem steht ein Nacht-lager zu, dem Fußwanderer wie dem Reiter, dem Armen wie dem Reichen, allen Menschen, aber reite auf meinem Pferd weiter. Mein Pferd ist größer und meine Keule schwerer.«

Da ließ er sein Pferd bei der Alten und ritt auf ihrem Pferd weiter. Dieses Pferd ist tüchtiger, läuft schneller als seines. Er zieht dahin, ob nah, ob fern. Nicht so bald ist eine Tat getan, nicht so bald ein Märchen erzählt, und er reitet immer weiter. Der Tag neigte sich schon zur Nacht, da sah er vor sich ein Haus stehen, eine Hütte auf Hühnerbeinen, auf einer Hundepfote. »Ach, du Hütte auf Hühner-beinen! Dreh dich zum Wald mit der Hinterseit und zu mir mit der Vorderseit; ich will keine Ewigkeit bleiben, nur eine dunkle Nacht übernachten. Wie ich in diese Hütte hineinkomme, so auch wieder heraus, wie ich hineinreite, so auch wieder heraus.« Da drehte sich die Hütte zum Wald mit der Hinterseite und zu ihm mit der Vorderseite, und er ritt hin. Plötzlich bekam ein anderes Pferd Witterung und begann zu wiehern, seines aber ließ sich noch lauter vernehmen, denn sie waren aus einer Herde. Das hörte die Alte in der Hütte. »Da ist wohl meine Schwester zu Besuch gekommen.« Sie kam heraus. »Nicht deine Schwester ist gekommen, ein schöner Held ist gekommen.« — »Kommt bitte herein in die Stube.« Sie versorgte das Pferd und forderte ihn auf, hereinzukommen. Man begrüßt nach dem Gewand, aber verabschiedet nach dem Verstand. Was sich im Hause fand, das nahm sie und gab ihm zu essen, bereitete für die Nacht auch ein Lager und setzte sich ans Kopfende.

»Wer bist du, lieber Mann? Wer und woher, und wie heißt du?«
— »Ich bin ausgezogen zur Jungfrau Blauäuglein, Wasser des Lebens
und der Jugend zu holen. Und ich muß bei ihr den Krug mit den
zwölf Schneppen voll Wasser des Lebens und der Jugend holen.«
— »Na, ich weiß nicht, mein Lieber, wie du das bekommen willst.
Sie ist die stärkste Heldenjungfrau. Sie ist meine Nichte, meines
Bruders Tochter. Aber je weiter man in den Wald hineinfährt, um so
mehr Holz schlägt man. Ich habe eine große Schwester, dorthin
sollst du fahren, bei mir aber übernachten.« Er übernachtete also bei
der Alten. Am nächsten Morgen steht er in aller Frühe auf, wäscht
sich aufs gründlichste und verneigt sich nach allen vier Himmelsrichtungen. »Ach, es braucht doch keinen Dank, Iwan Zarewitsch!
Ein Nachtlager führt und trägt man nicht mit sich herum, überall
steht einem ein Nachtlager zu, dem Fußwanderer wie dem Reiter;
laß der Schwester Pferd bei mir und nimm mein Pferd; mein Pferd
ist noch geschwinder, und meine Keule noch schwerer.« Da machte
er sich sogleich auf den Weg und sieht, ob es weit ist. Die ganze
Strecke durchreitet er schnell, Tag und Nacht unterwegs. Er kam zu
einem Haus. »Ach, Hütte! Kehre dich zum Wald mit der Hinterseit
und zu mir mit der Vorderseit. Ich will keine Ewigkeit bleiben,
sondern eine Nacht übernachten.« Er ritt zu dieser Hütte, wieder
bekam ein Pferd Witterung und begann zu wiehern, seines aber ließ
sich noch lauter vernehmen. Das hörte die Alte. »Da ist wohl die
Schwester zu Besuch gekommen!« Sie sah nach — es ist ihr Pferd,
der Reiter aber ist ein Fremdling, und sie kennt ihn nicht. Nun, sie
sagt also: »Kommt bitte herein in meine Stube. Man begrüßt Euch
nach Eurem Gewand und verabschiedet Euch nach Eurem Verstand.« Und es trug sich bei ihr das folgende zu: Sie gab dem Manne
zu trinken und zu essen und bereitete ihm ein Lager. »Wer bist du,
lieber Mann, und woher?« — »Ich bin Iwan Zarewitsch; ich will
durch dreimal neun Länder reiten, und ich reite durch dreimal neun
Seen, reite ins dreimal zehnte Reich, und ich brauche Wasser des
Lebens und den Krug mit zwölf Schneppen.« — »Aber wie nur, mein
liebes Kind!? Rings um ihr Reich ist eine Mauer, drei Saschen hoch
und einen Saschen breit, und eine Wache von dreißig Heldenjungfrauen, die lassen dich nicht zum Tor hinein. Du mußt aber mitten
in der Nacht reiten und auf meinem Pferd — mein Pferd springt über

die Mauer hinweg, zur Nachtzeit und in der ersten Nachtstunde. Den heutigen Tag laß noch verstreichen, heute Nacht aber mach dich hinüber!« Und sie unterweist ihn wie folgt: »Nimm das Wasser an der und der Stelle, unter der und der Nummer, und wenn du ins Schlafgemach kommst, so schlafen sie; es sind ihrer dreizehn Heldenjungfrauen, auf der einen Seite von ihr sechs, und auf der anderen Seite sechs. Alle sehen gleich aus und sind gleich groß.« Er setzte sich also auf ihr wackeres Pferd und ritt los, als es schon Nacht war. Das Pferd sprengt dahin, Moore und Sümpfe überspringt es, Flüsse und Seen fegt es mit dem Schwanz zu. Das war eine Sache, da gab es kein großes Federlesen. Diese Strecke legte er ohne Aufenthalt zurück. Er kam zur Stadt, das Pferd sprang, ohne zu fragen, hinüber und setzte über die Mauer. Er fand die Dinge sogleich an der und der Stelle, unter der und der Nummer, drang weiter ein und wollte noch sie selbst sehen. Er kommt ins Schlafgemach. Sie schlafen. Auf der einen Seite sechs, auf der anderen sechs, und sie hat Arme und Beine weit von sich gestreckt. Da tränkte er sein Roß in ihrem Brunnen, den Brunnen aber deckte er nicht wieder zu, sondern ließ das Gewand, wie es war. Er muß reiten. Doch das Pferd hatte etwas gemerkt und sprach mit Menschenstimme: »Du hast gesündigt, Iwan Zarewitsch; ich kann jetzt die Mauer nicht überspringen.« Er schlug das Pferd gegen die Rippen: »Ach, du Pferd, du Wolfsrachen, du Krautsack! Wir können hier nicht bleiben in diesem Reich.« Da machte das Pferd einen Satz und streifte mit dem Hufeisen des linken Hinterbeins die Mauer. An der Mauer begannen Saiten zu klingen und Glocken zu läuten, da begannen sofort Wölfe zu heulen, und durch das ganze Reich lief der Ruf: »Auf! Heute ist bei unserer Heldenjungfrau ein großer Diebstahl geschehen!« Die Jungfrau Blauäuglein selbst machte sich mit ihren zwölf Heldenjungfrauen an die Verfolgung. Sie kommt zur einen Hütte, danach zur anderen. Er hatte das Pferd gewechselt, sie aber ritt ohne zu füttern. »Großmütterchen, hast du nicht den Hundesohn gesehen, diesen Lümmel?!« − »Nein«, sagt die Alte, »habe ihn nicht gesehen. Iwan Zarewitsch ist vorbeigeritten, im ganzen Reich gibt es unter der Sonne keinen, der ihm gleicht − die Sonne ist am Himmel, er auf der Erde. Kehrt bitte um.« − »Es ist mir nicht leid, daß er sein Roß getränkt hat, aber es kränkt mich, daß er den

Brunnen nicht bedeckt hat!« Plötzlich kam er zu der anderen Alten. Er bestieg das Pferd. Er ist vom Hof herunter — da kommt die Heldenjungfrau auf den Hof. »Großmütterchen, hast du niemanden gesehen?« — »Nein, ein Held ist vorbeigeritten, doch schon lange, ein schöner Held — die Sonne ist am Himmel, er auf der Erde.« Nun, er ging zu seinem Pferd und saß auf. Da erblickte sie ihn; wie sie immer näher kam, kniete er nieder und bittet um Verzeihung. Die Heldenjungfrauen schicken sich an, auf ihn loszureiten und ihm den Kopf abzuschlagen. Sie antwortete, daß das Schwert kein demütiges Haupt schlägt. Steigt selbst vom Pferd und nimmt ihn an seinen weißen Händen und hebt ihn von der Erde auf. Nun schlugen sie hier, auf freiem Feld, unter dem weiten Himmel, auf den grünen Wiesen, auf seidigen Gräsern ein Zelt aus weißem Leinen auf. Da feierten und tanzten sie in diesem Zelt drei Tage und drei Nächte hintereinander. Hier gelobten sie sich Treue und wechselten die Ringe. »In drei Jahren komme ich zu dir, mein Reich werde ich auflösen.« Sie antwortete ihm: »Zieh du nun nach Hause und kehre nirgends ein!« Nun kam er in seine Gegend, an diese Wegscheide, an die gleichen Wege und denkt: »So ist es schön, ich reite heim, und meine Brüder sitzen irgendwo gefangen und verfaulen für nichts und wieder nichts.« Da bog er vom Wege ab, sie zu suchen, und kam zu dem Haus. Sie sprang heraus und sagt: »Oh, Iwan Zarewitsch! Schon lange erwarte ich dich, sollst Brot und Salz kosten.« — »Ich will nichts kosten und nichts essen.« — »Komm, ich helfe dir aus dem Sattel.« — »Ich habe schon bessere als dich gesehen.« Sie führte ihn hinein. Er legte sie aufs Bett und stieß sie hinunter. »Wer ist dort noch am Leben?« Sie piepsten wie zwei Mücken: »Wir sind noch am Leben, Fjodor Zarewitsch und Wassili Zarewitsch.« Er suchte bei ihr einige Stricke zusammen und holte sie heraus. Und sie traten vor die Wand. Die Spiegel an der Wand aber begannen, sich mit Erde zu überziehen. »Wozu wollen wir die Leute erschrecken? Sind schon arg schwarz geworden.« Er wusch sie mit Wasser des Lebens, sie wurden wie früher, verwandelten sich. Also schön, er saß sogleich auf und ritt los, sie aber gingen zu Fuß: sie hatten keine Pferde. Er kam an die Wegscheide. »Brüder, bewacht ihr meine Sachen und das Pferd, ich will ein wenig ruhen.« Er legte sich also hin und versank in einen tiefen Schlaf. Da sagt Fjodor

Zarewitsch: »Was denkst du, Wassili Zarewitsch?« — »Daß wir in ihrem Keller hätten verfaulen müssen, wenn uns der Bruder nicht herausgezogen hätte. Uns wird der Vater ohne die Sachen kaum viel Ehre geben, er wird uns zu Hirten machen. Komm, wir wollen ihn in ein Loch werfen und seine Sachen nehmen!« Und sie warfen ihn hinab. Da flog er hinunter, drei Tage und drei Nächte. Kam unten an und schlug sich die Beine auf. An einer Meeresküste kam er wieder zu sich. An diesem Meer gab es nur einen alten Eichenwald und kleine Fichten. Nur Himmel und Wasser. Da steigt ein Wetter auf, ein Gottessegen, aus dem Meer und vom Himmel. Die Jungen des Vogels Nagaj piepsen, und der Regen peitscht sie. Da zog er kurzerhand seinen Mantel aus, deckte des Vogels Nagaj Junge zu und stellte sich selbst vor dem Regen unter eine Eiche. Als das Wetter vorbei ist, kommt der Vogel Nagaj geflogen. In allen Tonarten: »Hat euch das Wetter nicht erschlagen, ein Unglück gebracht?« — »Schrei nicht so, Mutter! Uns hat ein russischer Mann beschützt. Sei still, weck ihn nicht auf.« — »Weswegen bist du hierhergekommen, lieber Mann?« — »Mich haben meine Brüder verraten, leibliche Brüder, aber schlimmer als Fremde.« — »Was willst du haben für deine Mühe? Du hast meine Jungen beschützt. Gold, Silber, Edelstein?« — »Ich brauche nichts, Vogel Nagaj, kein Gold, kein Silber, keinen Edelstein. Doch kann ich nicht wieder in meine Heimat gelangen?« — »Da brauche ich zwei Bottiche und an die zwölf Pud Rindfleisch.« Er war ein wohlhabender Mann, ging zu den Fischern und Jägern ans Ufer hinunter und kaufte eine Menge Gänse, Schwäne und Grauenten. Die brachten sie, stellten dem Vogel den einen Bottich auf die rechte Schulter, den anderen auf die linke, er selbst setzte sich in die Mitte, begann das Füttern, und der Vogel zog in großer Höhe dahin. Er gab ihm, was in dem einen Bottich war, dann fütterte er aus dem zweiten. Gibt und gibt — und der ganze Vorrat wurde alle. Der Vogel aber dreht sich um. Er schnitt sich Finger und Zehen ab und gab sie hin. Sie kamen an. »Steig herunter, Iwan Zarewitsch!« — »Ich kann nicht herunter: habe meine Finger und Zehen abgeschnitten.« — »Habe nicht gewußt, daß das dein Fleisch war. Hätte dich ganz aufgefressen.« Der Vogel spie alles wieder aus und machte sich auf den Rückweg. Iwan strich Wasser des Lebens und der Jugend darauf, er hatte ein Fläschchen für unterwegs bei sich. Er sieht nach, die Brüder sind nicht mehr da. Zu Fuß kam er in seines Vaters Reich. Aber Vater und Mutter wollten von ihm nichts wissen. Wie früher war da ein Kaufmannshandel, ein Branntweinladen. Er trinkt die ganze Zeit. Hörte, daß der Vater das Reich noch niemandem vermacht, die Sachen aber bekommen hat. Das war sogleich vorbei. Die Jungfrau Blauäuglein nämlich kam in dieses Reich gezogen. Drei Werst entfernt, auf freiem Felde, unter dem weiten Himmel, auf den grünen Wiesen, auf seidigen Gräsern schlug sie ein Zelt aus weißem Leinen auf. Von diesem Zelt bis zum Zarenschloß baute sie eine drei Werst lange Brücke aus Ahorn: die Spitzen gedrechselt, das Geländer vergoldet. Auf diesen Spitzen sangen Vögel mit verschiedenen Stimmen. Und den Boden überzog sie mit kostbarem Tuch. Um acht Uhr morgens nun bekommt der Zar eine Aufforderung: »Eure Kaiserliche Majestät! Liefert am heutigen Tag den Schuldigen aus, findest du aber den Schuldigen nicht, komme ich in Euer Reich, reiße dir bei lebendigem Leibe die Augen aus und nehme sie mit nach Hause.« Er liest die Aufforderung und jammert. »Nun reit schon, Fjodor Zarewitsch! Du bist sicherlich schuldig, bist lange unterwegs gewesen.« Der zieht nun los, Fjodor Zarewitsch, zu Fuß über diese Brücke. Bei der Jungfrau aber tummeln sich zwei Knaben in der Nähe des Zeltes – ihre eigenen. »Mutter, Mutter! Unser Vater ist auf dem Wege nach hier.« – »Auf welcher Seite?« – »Rechterhand von der Brücke.« – »Sowie ihr ihn gepackt habt, prügelt ihn durch!« Die Kinder walkten ihn so durch, daß er nach Hause kam und dem Vater nichts sagte. Am zweiten Tag kommt wieder eine Aufforderung. »Liefert am heutigen Tag nun den Schuldigen aus. Gebt Ihr ihn nicht her, komme ich selbst und führe Euch in die Gefangenschaft.« Da sagt er: »Geh du, sicherlich bist du schuldig, Wassili Zarewitsch!« Wassili Zarewitsch ging. Und wieder die Kinder: »Mutter, Mutter! Zu uns kommt wieder ein Vater.« – »Auf welcher Seite?« – »Linkerhand.« (Auch er traute sich nicht, über die Brücke zu gehen.) »Packt ihn und prügelt ihn noch derber als den ersten durch!« Sie walkten ihn durch, daß es eine Art hatte. Auch er ging zurück zum Vater; und zwar auf der Stelle, und beschwert sich über niemanden. Also schön: am dritten Tag kommt wieder eine Aufforderung. »Nun geht, sucht den Trunkenbold, meinen dritten Sohn.« Der ging auf der Stelle. Als Begleitung nahm er zwölf Mann mit, Betrunkene aus einer Teestube. Sie zerbrechen die Brücke, zerreißen den Stoff und lassen hinter sich eine leere Straße zurück. Die Jungen: »Irgendein Strauchdieb kommt mit seinen zwölf Gesellen. Sie zerbrechen die Brücke, zerreißen den Stoff und teilen ihn unter sich.« Sie aber sagt: »Das ist euer Vater mit seinen Gesellen. Nehmt einen Edelstein, Speise und Trank und geht, euren Vater begrüßen.« Sie trat selbst zur Begrüßung heraus und empfing sie. Die Kameraden erhielten jeder ein Gläschen, dann machten sie sich auf den Heimweg. Darauf wandte sie sich an den Zaren: »Die zwei hier haben ihn verraten, haben ihn ins untere Reich gestoßen. Er hat drei Jahre dort leiden müssen.«

Alles war reichlich vorhanden in diesem Zarenreich. Sie wurden getraut. Alle tranken auf diesem Fest. Und er setzte ihn auch auf den Zarenthron. Und er bestieg nun den väterlichen Thron, seinen Brüdern aber erwies er wenig Ehre. Man ließ sie laufen, sich ein Nachtlager zu suchen. Hier eine Nacht, dort zwei, die dritte Nacht aber durften sie nicht bleiben. – Was ich wußte, hab ich erzählt. Schluß der Geschicht', besser kann ich's nicht.

Russische Volksmärchen. Herausgegeben von *Erna Pomeranzewa*. Aus dem Russischen übersetzt von Günther Dalitz. Akademie-Verlag, Berlin 1964, Nr. 31, S. 164–175.

Kommentar

Das Märchen von den drei Königssöhnen, die ausziehen, um für ihren Vater das Lebenswasser zu holen (AaTh 551, KHM 97), ist in fast allen europäischen Ländern bekannt, allein aus dem deutschsprachigen Raum wurden 56 Varianten aufgezeichnet. Anstelle des Lebenswassers (manchmal: des Wassers des Lebens und des Todes) sollen auch verjüngende Äpfel, der Vogel Phönix, dessen Gesang gesund macht, oder die Jugend des Vaters herbeigeschafft werden. Während die älteren Brüder sehr schnell weltlichen Versuchungen erliegen – deutschen Fassungen zufolge verlieren sie zum

Beispiel beim Kartenspiel mit schönen Mädchen all ihre Habe und kommen ins Gefängnis, oder sie verjubeln ihr Geld im Wirtshaus (»Un drinkt un speelt un trakteert de annern, bet sien Geld all is« [Wisser, W.: Plattdeutsche Märchen. Düsseldorf/Köln 1982, 154]) −, meidet der Jüngste solche Gefahren. In vielen russischen Varianten begegnet er − wie in unserem Beispiel − der Baba-Jaga, einer typisch slavischen, vor allem in den Märchen der Ostslaven häufig vorkommenden phantastischen Gestalt. Sie ist ambivalenter Natur, einerseits eine schadenstiftende menschenfressende Hexe, andererseits eine zauberische, hilfreiche Alte. Immer haust sie einsam im Wald in einer Hütte, die auf einem Hühnerbein steht und dem Ankömmling die Rückseite präsentiert; mit der auch im vorliegenden Text gebrauchten Standardformel »Hüttchen, Hüttchen, zum Wald mit der Hinterseite und zu mir mit der Vorderseite« verschafft sich der Held Eintritt. Die Baba-Jaga sieht höchst erschreckend und abstoßend aus: Eines ihrer Beine ist aus Knochen oder Eisen, und sie besitzt nur ein Auge, das andere ist eingesetzt. Wenn sie zu Hause ist, liegt sie meistens auf der Ofenbank, die Nase an der Decke, die Brüste über der Schwelle, und ihr Rotz läuft über das Wandgestell. Die Baba-Jaga wird sowohl in Verbindung mit Initiationsriten und Jenseitsvorstellungen gebracht − sie bewacht die Grenze zum Totenreich − als auch in der positiven Helfer- und Schenkerrolle für eine mythische Gestalt mit matristischen Zügen gehalten.

Während in deutschen Erzählungen das Lebenswasser bei einer Königstochter zu finden ist, die auf ihre Erlösung wartet, wird es in russischen Varianten von einer amazonenhaften Heldenjungfrau, der Nichte der mythischen Baba-Jaga und ihrer Schwestern, gehütet. Nach der Vergewaltigung − in unserem Text bildhaft umschrieben, doch vom Zauberpferd klar als Sünde bezeichnet (und von Märcheninterpreten in der Rubrik ›Erlösung aus Zauberschlaf und Dunkelgestalt‹ untergebracht) − setzt sie zornig dem Schuldigen nach und bezwingt ihn mit Waffengewalt; erreicht sie ihn nicht mehr, so droht sie, ihn schon noch zu erwischen. Als Mutter eines oder zweier Heldenknaben, die bereits im Kleinkindalter ausgewachsene Männer windelweich prügeln, macht sie sich auf die Suche nach dem Vater der Kinder, der in manchen Versionen seinen Namen bei der Schlafenden hinterlassen hat. Auch in deutschen Varianten erscheint sie mit Heeresgewalt am Königshof, um den Schuldigen in die Pflicht zu nehmen, und rettet ihn dabei aus einem elenden Dasein, meist einer Säuferkarriere. Ihr entschiedenes Auftreten entspringt einer Machtposition; ungleich leidvoller sind die Erfahrungen der Königstochter im Märchen vom gelernten Jäger (AaTh 304; KHM 111 ist eine gereinigte Fassung): Sie ahnt nicht, von wem sie schwanger geworden ist und wehrt sich dennoch gegen die Ehe mit dem häßlichen Betrüger, wird den schlimmsten Demütigungen ausgesetzt und trifft den Vater ihres Kindes mehr durch Zufall.

Unser Text, 1908 aufgezeichnet durch die bedeutenden russischen Folkloristen Boris M. und Jurij M. Sokolov, stammt von einem der besten russischen Erzähler dieser Zeit, Il'ja Semenov, einem Bauern aus dem Gebiet von Vologda (Nordrußland). Seine Erzählweise zeigt einen deutlichen Einfluß des Bylinenstils, der spezifisch russischen Form des epischen Heldenlieds. Wie hier beginnen viele russische Zaubermärchen mit einer Einleitung, dem sogenannten Vormärchen (prikazka), das den Hörer in die Märchenatmosphäre versetzen soll (vgl. auch Text 3).

Literatur

BP 2, 394–401; vgl. BP 1, 503–515; BP 2, 503–506.

Scherf, 401–405, 423–426, vgl. 157–160, 173–177.

Ranke, Kurt: Schleswig-holsteinische Volksmärchen (ATh 403–665 [= Band 2]). Kiel 1958, 195–211.

Propp, Vladimir: Die historischen Wurzeln des Zaubermärchens. München/ Wien 1987 (russische Originalausgabe Leningrad 1946), 59–134.

Novikov, Nikolaj V.: Obrazy vostočnoslavjanskoj volšebnoj skazki. Leningrad 1974, 70–75, 133–146, 159–180.

Ders.: Baba-Jaga. In: EM 1 (1977) 1121–1123.

Gobrecht, Barbara: Die Frau im russischen Märchen. In: Die Frau im Märchen. Hrsg. von Sigrid Früh/Rainer Wehse. Kassel 1985, 89–110.

16

Die Fische in der Scheune

Ein Mann lebte mit seiner Frau in großer Eintracht. Seine Frau war aber auch sehr schlau, und sie betrog ihren Mann tüchtig. Einmal im Frühling sah sie einen Jungen, der Fische trug. Sie fragte ihn:

»Vielleicht verkaufst du die?«

»Ich kann sie schon verkaufen — warum nicht?«

Sie gab ihm Korn dafür, denn Geld hatte sie nicht. Mein Mann weiß ja, daß ich kein Geld hatte. Aber was werde ich ihm sagen, wofür ich sie gekauft habe?

Sie behielt noch einige Schlammpeizger übrig, die sie nicht gegessen hatte, trug sie in die Scheune und schüttete sie in eine Banse. Der Mann kam vom Felde zurück, da sagte sie:

»Weißt du, Mann, ob nicht vielleicht in unserer Scheune Schlammpeizger laichen?«

»Wie sollen denn Schlammpeizger in unserer Scheune laichen?«

Das Weib sagt:

»Wollen wir doch einmal gehen und nachsehen!«

Sie gingen in die Scheune. Sie schauen in eine Banse — die Fische waren auseinandergeglitten und schlängelten nun auf dem Boden umher.

Der Mann wundert sich: Wie können die denn in der Scheune laichen? Sie sammelt die Schlammpeizger in ein Körbchen. Es war gerade an einem Sonnabend.

»Hör mal, koche diese Fische, und ich will zu meinem Bruder gehen und fragen, ob die vielleicht jedes Jahr laichen.«

Als er am Sonntag zur Kirche gegangen war, fragte er auch richtig seinen Bruder:

»Na, was gibt's Neues? Aber bei uns gibt es eine Neuigkeit!«

»Na, was gibt's denn da für eine Neuigkeit?«

»Bei uns in der Scheune laichen Schlammpeizger!«

»Oh, das wundert mich aber! Wie können die denn in der Scheune laichen? Wenn das im Sumpf wäre, das könnte man glauben. Aber das da ist eine unmögliche Sache!«

»Na, wenn du es nicht glaubst, dann komm mit zu mir – du sollst selbst von den Fischen essen!«

Da geht sein Bruder mit, um sich zu überzeugen, was dort für Fische sind. Er nimmt eine Flasche Branntwein mit und will nun nach den Fischen sehen. Sie traten ins Haus.

Zuerst aßen sie Quarkkäse mit Butter. Dann sagt der Mann zu seiner Frau:

»Nun trage doch die Fische auf!«

»Was für Fische? Bist du nicht richtig im Kopf? Welche Fische?«

»Na, die wir beide gestern in der Scheune gefangen haben!«

»Bekreuzige dich«, sagt die Frau, »du hast dich wohl vor Fischen erschreckt, daß deine Augen immer noch Fische sehen!«

Der Mann begriff, daß sie ihn betrogen hatte. Sein Bruder sagte denn auch:

»Greife keine Frau an, das ist nicht schön! Die Leute werden sich die Mäuler zerreißen, daß du verrückt bist und überall Fische siehst und von Fischen redest. Komm, begleite mich, ich werde dir sagen, was du hier am besten tust!«

Da bekommt seine Frau Angst, daß das für sie schlecht ausgehen könnte. Nicht gar zu weit ab war eine kleine Stadt. Das Weib lief hin zum Pfarrer und bittet ihn:

»Mein Mann hat sich vor Fischen erschreckt; vielleicht, ehrwürdiger Vater, könntest du ihm eine Austreibung lesen? Er war so ein guter Mann, und jetzt ist er ganz irre geworden!«

Der Pfarrer sagt:

»Schön, ich werde kommen.«

Wie der Mann nach Hause kommt, da tritt auch schon der Pfarrer herein. Die Frau ging zur Tür hinaus, doch der Mann blieb drinnen.

Da sagte der Pfarrer:

»Knie nieder, ich will dir eine Austreibung lesen, vielleicht hast du dich vor Fischen erschreckt.«

Doch die Frau zeigte dem Mann durch das Klinkenloch in der Tür einen kleinen Fisch, um ihn aufzustacheln.

Der Mann sagt:

»Warte, Hochwürden, ich will nur den Schlammpeizger dort nehmen!«

Der Pfarrer schaute sich um — nirgends ist ein Fisch zu sehen. Da gab ihm der Pfarrer mit dem Buch eins auf den Kopf und sagt:

»Was bist du für ein Dummkopf! Hier ist nicht ein einziger Schlammpeizger, und du phantasierst von Schlammpeizgern!«

Der Pfarrer redet auf ihn ein von einem rechtschaffenen Leben, und daß man niemals Unsinn plappern soll. Doch der Mann sagt:

»Gut, gut!«

Denn nun hatte er alles durchschaut. Dann begleitete er den Pfarrer, ging in die Schenke, trank sich Mut an und sagt:

»Jetzt wird dem Weib das Fell gegerbt, jetzt geht es ihr ans Leder!«

Die Frau erfuhr das. Sie ging zur Nachbarin, einer alten Frau, und bat, daß sie zu ihr kommen und die halbe Nacht bei ihr bleiben möchte; sie log ihr vor, ihr Mann hätte sich schlecht benommen, viel getrunken und viele Gäste gehabt. Das alte Weib erfüllte ihr die Bitte und kam.

Sie legte sich in das Bett der Frau; der Mann ist betrunken und weiß nicht, ob da seine Frau liegt oder eine andere. Er nahm dicke Stricke und los! — schlägt auf das Weib ein. Das alte Weib schreit, daß sie nicht seine Frau ist, doch er schlägt immer weiter.

»So«, sagt er, »du Hexe! Auch deine Stimme verstellst du noch!«

Er schnitt dem Weibe den Zopf ab, legte ihn unter sein Kopfkissen und legte sich selber hin.

Die Hausfrau ging zu dem alten Weiblein:

»Mein Mann ist wirklich verrückt geworden!«

Sie bezahlte gut. Die Prügel, ja die Prügel hast du zwar bekommen, was ist da zu machen — geh nur ruhig nach Hause. Sie zog heimlich den Zopf unter dem Kopfkissen hervor und gab ihn der Alten.

Darauf ging sie in den Stall und schnitt der Stute den Schwanz ab. Dann ergriff sie einen guten Stock und schlug die Stute so lange, bis die ganz wild geworden war. Den Schwanz nahm sie mit und legte ihn ihrem Mann unters Kopfkissen.

Bis sie mit allem fertig war, fing es auch schon zu dämmern an. Der Mann ist aufgewacht. Die Frau ist also schon aufgestanden und heizt den Ofen! Er beobachtet sie heimlich und denkt: Na, nun

habe ich sie so verprügelt — aber keine Spur davon, daß sie zusammengeschlagen wurde!
Und er fragt:
»Liebe Seele, tut dir nicht irgend etwas weh?«
»Was soll mir denn wehtun? Nichts, Gott sei Dank.«
Er aber sagt:
»Ich habe dich doch verprügelt!«
»Na, und wofür hast du mich geschlagen?«
»Na, doch für diese Schlammpeizger!«
»Bist du im Kopf nicht richtig? Der Pfarrer war da, dein Bruder war da! Bekreuzige dich und gib Ruhe mit diesen Schlammpeizgern!«
»Ich sage dir, ich habe dir doch auch den Zopf abgeschnitten!«
»Na, sieh doch mal nach, ob du meinen Zopf abgeschnitten hast!«
Er sieht nach — der Schwanz der Stute!
»Na«, sagt er, »da bin ich wohl wirklich nicht richtig im Kopfe!«
Er ging in den Stall — die Stute ist noch ganz wild, sie läßt niemanden heran. Da versöhnten sich die beiden, sprachen hinfort nicht mehr von den Schlammpeizgern und lebten gut und in Frieden miteinander.

Litauische Volksmärchen. Herausgegeben von *Bronislava Kerbelytė*. Übersetzung von Viktor Falkenhahn. Akademie-Verlag, Berlin (1978) ²1982, Nr. 123, S. 336—339.

Kommentar

Dieser Schwank über Frauenlist (s. Text 7) ist mündlich vor allem in Nordost-, Südost- und Südeuropa und besonders auch im Nahen Osten überliefert (AaTh 1381 A). Er stammt vermutlich aus der *Sindbād*-Tradition.
Anlaß für das Täuschungsmanöver ist in der litauischen Erzählung ein Fischkauf, den die Ehefrau vertuschen will. Da kein Geld vorhanden war, hatte sie mit Korn bezahlt; die Felderzeugnisse unterstanden in dieser bäuerlichen Gesellschaft jedoch der Verfügungsgewalt des Mannes, während

Hausprodukte wie Quark, Brot usw. der Frau gehörten. Sie hatte also vom Teil ihres Mannes bezahlt. Die Geschichte wurde auch anders erzählt: Die Frau streut heimlich Fische in die Ackerfurchen, der Mann findet sie beim Pflügen und wird wie immer der Lächerlichkeit preisgegeben. Motiviert wird das Verhalten der Frau manchmal mit der Überheblichkeit ihres Mannes oder mit der Art und Weise, wie er sie behandelt. In einer 1934 aufgenommenen bulgarischen Dialektvariante von einer 60jährigen Erzählerin zum Beispiel kann die Frau die Selbstherrlichkeit ihres Mannes nicht mehr ertragen und will ihm eine Lehre erteilen.

In anderen Fassungen der Geschichte werden Freunde und Nachbarn zum ›Fischessen‹ eingeladen, die — wie der Pfarrer in unserer Erzählung — den Mann schließlich für verrückt erklären, ihn fesseln und ins Irrenhaus, Gefängnis oder Kloster bringen, aus dem erst die Frau ihn wieder befreit. In unserem Text folgt statt dessen die zweite Täuschung, eine bereits aus der altfranzösischen Fabliauliteratur bekannte und von Giovanni Boccaccio im *Decamerone* (7,8) benutzte Geschichte. Die Frau erreicht nun, daß der Mann an sich selbst zu zweifeln beginnt. Wie der Schwank von der Wette der drei Frauen läßt sich die Erzählung von zwei Seiten betrachten: Soll hier die ›Bosheit der Weiber‹ oder eine intellektuelle Überlegenheit von Frauen demonstriert werden?

In veränderten gesellschaftlichen Verhältnissen, so in einer modernen Parallele bei James Thurber, können die Rollen vertauscht sein: Der Mann prügelt nun nicht mehr seine Frau, sondern redet ihr ein, im Garten sei ein Einhorn. Als die Frau dem Psychiater davon berichtet, streitet der Mann alles ab, und die Frau kommt für immer in eine Heilanstalt.

Unser Text ist 1935 von dem 52 Jahre alten Ignas Vilūnas erzählt und von J. Aidulis im Kreis Švenčionys aufgezeichnet worden. Seit Ende des 19. Jahrhunderts nahm die Zahl der Sammler litauischer Folklore stetig zu. 1907 gründete J. Basanavičius die ›Litauische gelehrte Gesellschaft‹, die einen Leitfaden zur Erhebung ethnographischen Materials, darunter auch von Märchen, herausgab, der ein großes Echo fand. 1930 wurde an der Universität Kaunas eine Kommission für das Sammeln von Folklore gegründet, von 1935 an organisierte das Archiv für litauische Volkskunde die Sammeltätigkeit. Heute wird das veröffentlichte und das handschriftliche Material mit 70 000 Aufzeichnungen litauischer Volkserzählungen angegeben, davon sind fast die Hälfte Märchen.

Bédier, Joseph: Les Fabliaux. Paris (1893) ⁵1925, 196 f., 466.

Liebrecht, Felix: Zur Volkskunde. Heilbronn 1879, 125−127.

Köhler, Ines: Frau: Die geschwätzige F. (AaTh 1381, 1381 A−D). In: EM 5 (1987) 148−159, hier 151 f.

Mazon, André: Documents, contes et chansons slaves de l'Albanie du sud. Paris 1936, 217−219 (bulgarische Variante), 151 (Beschreibung der Erzählerin).

Legman, Gershon: Rationale of the Dirty Joke, Band 2. New York 1975, 725 f.

Chauvin, Victor: Bibliographie des ouvrages arabes ou relatifs aux Arabes, Band 8. Liège 1904, 69.

17.

Gerita und Pólvora

E s war einmal ein König, der hatte eine Tochter; und der Vater sagte:
»Wer meine Tochter heiraten will, muß Zähne und einen Bart aus Gold haben.«

Und da kommt schon der Teufel, macht sich einen goldenen Bart und goldene Zähne und erscheint …

»Guten Tag.«

»Guten Tag. Was wünschen Sie?«

»Also sehen Sie, ich habe gehört, daß Sie gesagt haben, daß der, der sich mit Ihrer Tochter verheiratet, goldene Zähne und einen goldenen Bart haben muß, und da bin ich schon.«

»Ach, du lieber Gott …!«

»Nichts da; das haben Sie gesagt, und jetzt können Sie es nicht einfach wieder zurücknehmen.«

Kurz und gut, weil er es gesagt hatte und weil er gekommen war … also wurde geheiratet.

Und schon stiegen sie in den Wagen, fuhren dahin, fuhren zu seinem Haus, und sie sagt zu ihm:

»Junge, wohin fahren wir?«

»Zu meinem Haus!«

Und er, als sie ein Stückweit gefahren waren, er wurde immer schwärzer, immer schwärzer ... Und sie sah ihn mißtrauisch an und sagte:

»Junge, wo ist dein Haus?«

»Siehst du das Haus dort, das erleuchtet ist? Da ist mein Haus.«

Tram tram, und immerzu fahren und fahren und fahren, und sie kamen zu dem Haus; sie fuhren an dem Haus vorbei und er jedesmal schwärzer, jedesmal schwärzer; und da sagt sie zu ihm:

»Junge, welches ist dein Haus?«

»Siehst du das Haus da, das schwarze, pechschwarze? das dort.«

Also, so war es; sie kamen dort an, gingen hinein, und da stand ein Kessel mit Wasser auf dem Feuer. Und sie hatte zwei Täubchen bei sich; sie hatte zwei Tauben, die sie besaß, mitgenommen. Und da sagt er zu ihr:

»Geh hinauf«, über eine Treppe, die er hatte, »geh hinauf und zieh dich nackt aus, und wenn du nackt ausgezogen bist, kommst du runter«, weil er sie in das Wasser stecken wollte.

Und da ging sie hinauf, und weil sie nicht bald wiederkam, sagte er zu ihr:

»Mädchen! Kommst du runter oder soll ich raufkommen?«

»Warte doch, Mann, ich muß noch das kostbare Kleid ausziehen, das mir mein Vater, der König, geschenkt hat, als ich dich heiratete!«

»Mädchen! Kommst du runter oder soll ich raufkommen?«

»Warte doch, Mann, ich ziehe gerade den kostbaren Unterrock aus, den mir mein Vater, der König, geschenkt hat, als ich dich heiratete!« — und sie zog sich gar nichts aus. Und da nimmt sie eine Taube und sagt zu ihr: »Pólvora, flieg nach Hause und sag meinem Papa, er soll kommen und mich holen.«

Und schon sagte er von unten:

»Mädchen! Kommst du runter oder soll ich raufkommen?«

Und sie sagte zu ihm:

»Warte doch, Mann, ich lege gerade die kostbaren Ohrringe ab, die

mir mein Vater, der König, geschenkt hat, als ich dich heiratete!«
Und sie sagte: »Gerita, kommt Pólvora?«
»Weder kommt sie noch erscheint sie,
noch wirft Schatten
des Königs Pferd.«
Und er schon wieder …
»Mädchen! Kommst du runter oder soll ich raufkommen?«
»Warte doch, Mann, ich lege gerade das kostbare Halsband ab, das
mir mein Vater, der König, geschenkt hat, als ich dich heiratete!«
(um Zeit zu gewinnen). Und sie fragte von neuem: »Gerita,
kommt Pólvora?«
»Weder kommt sie noch erscheint sie,
noch wirft Schatten
des Königs Pferd.«
Und dann er schon wieder:
»Mädchen! Kommst du runter oder soll ich raufkommen?«
»Warte doch, Mann, ich ziehe gerade die kostbaren Strümpfe aus,
die mir mein Vater, der König, geschenkt hat, als ich dich heiratete! Gerita, kommt Pólvora?«
»Weder kommt sie noch erscheint sie,
noch wirft Schatten
des Königs Pferd.«
Und schon sagt er wieder:
»Mädchen! Kommst du runter oder soll ich raufkommen?«
»Warte doch, ich ziehe gerade die kostbaren Schuhe aus, die
mir mein Vater, der König, geschenkt hat, als ich dich heira-
tete!«
Und sie: »Gerita, kommt Pólvora?«
»Sie kommt, sie erscheint,
und es wirft Schatten
des Königs Pferd.«
Und als er ankam, stand sie auf einem Erker, und er stellte das
Pferd unter das Fenster, und sie sprang auf das Pferd; und die
Taube blieb zurück. Und der Teufel sagte:
»Mädchen! Kommst du runter oder soll ich raufkommen?«
»Dazu hab ich überhaupt keine Lust!«
Und da stürzte der mit dem Schwanz die Treppe hinauf und sagt:

»Warte nur! Das werden wir ja sehen, ob du zu mir sagst, daß du keine Lust hast!« denn er dachte ja, sie wäre da oben.

Und als er oben ankam, fand er die Taube dort. Und als die Taube ihn heraufkommen sah, da schoß die Taube zum Fenster hinaus. Und er blieb allein zurück.

Und sobald der Vater mit seiner Tochter zu Hause war, steckte er sie in einen Schrank. Denn der Teufel kam wieder, machte sich wieder Zähne und einen Bart aus Gold und kam wieder; und er sagte zu ihm:

»Und Ihre Tochter? Wo ist sie?«

»Ach, meine Tochter? Meine Tochter ist nicht gekommen.«

»Aber wie kann das sein, daß Ihre Tochter nicht gekommen ist?«

»Meine Tochter ist aber nicht gekommen! Ach, meine Tochter, oh mein Gott! Ach, ach, meine Tochter! Wohin ist sie denn bloß gegangen? Wo ist denn nur meine Tochter?« – und dabei war seine Tochter bei ihm zu Hause.

Da ging der Teufel, und an mehr kann ich mich nicht erinnern. Damit ist mein Märchen vorbei
mit Brot, Salz und Ei.

Camarena Laucirica, Julio: Cuentos tradicionales recopilados en la provincia de Ciudad Real. Instituto de Estudios Manchegos, Ciudad Real 1984, Nr. 52, S. 97–99. Übersetzung: Christine Shojaei Kawan.

Kommentar

Anders als die griechische Variante (Text 8), die mit einer Reihe von mündlichen Fassungen aus dem Mittelmeerraum und Südosteuropa eine eigenständige Gruppe der Mädchenmörder-Märchen (AaTh 311, 312) bildet, scheint unser spanischer Text (AaTh 312 C) sowohl von der Basile- als auch von der Perrault-Tradition geprägt zu sein (s. Kommentar zu Text 8). Daß der König einen Schwiegersohn mit goldenen Zähnen und goldenem Bart möchte, ist vermutlich eine Erinnerung an die heiratsunwillige Cannetella bei Basile, die der Ehe durch die Bedingung entgehen will, ihr Mann müßte einen goldenen Kopf und goldene Zähne haben. (Übrigens sind neben den blauen und den goldenen Bärten auch Rot- und Grünbärte belegt.) In der spanischen Erzählung ist der unerwünschte Freier nicht nur ein großer Zauberer wie bei Basile oder ein Hexenmeister wie bei Grimm, sondern »el demonio«, der Teufel selbst, eine ähnlich fürchterliche Gestalt wie der Leichenzehrer im griechischen Märchen; allerdings auch wieder ein dummer Teufel (s. Text 3), der sich einfach wegschicken läßt, während der griechische Dreiäugige und der Zauberer bei Basile alle Listen und Hexenkünste aufbieten und erst im Tode besiegt sind. Die sonst zentrale Mißachtung des Verbots, das Blutzimmer zu betreten, durch die das grausige Geschehen ausgelöst wird, fehlt hier, der Teufel braucht keinen Vorwand, um das arme Mädchen zu töten; Parallelbeispiele dafür sind aus der französischen Überlieferung bekannt. Die Königstochter greift zu einer List, um sich zu befreien, braucht aber fremden Beistand, im Unterschied zu der Heldin des griechischen Märchens, die ihr Schicksal selbst in die Hand nimmt. In vielen französischen Versionen fungieren, entsprechend der abgedruckten spanischen Fassung, Tiere (Vögel oder Hunde) als Boten oder Späher (bei Perrault ist es die Schwester), und ebenso findet sich in Frankreich häufig das ›Auskleidespiel‹. Auch formelhafte Wechselreden zwischen Mörder und Opfer und zwischen Opfer und Späher sind typische Elemente französischer Varianten und schon bei Perrault vorhanden. Unser spanisches Märchen zeigt, wie kunstvoll solche Dialogformeln zur Steigerung der Spannung eingesetzt werden können; hier wird kaum noch erzählt, das Geschehen wird in Szene gesetzt, fast bühnenmäßig dramatisiert.

Der Text ist unser neuestes Märchenbeispiel: Erst 1982 wurde es von der 44jährigen Antonia Valero Prado aufgenommen, die in Bolaños de Calatrava in der Provinz Ciudad Real, Neukastilien, wohnt und in einer familieneigenen Hühnerfarm arbeitet. Das Märchen ist der umfangreichen, erst teilweise veröffentlichten Sammlung von Julio Camarena Laucirica entnommen, die eine Reihe von bislang in Spanien oder in der Region Neukastilien nicht nachgewiesenen Erzählungen enthält und deren Texte, wörtlich nach Camarenas Tonbandaufnahmen transkribiert, sich durch Frische, Lebhaftigkeit und oft sehr originelle Züge auszeichnen.

Literatur .

s. Text 8

18

Die kluge Tochter

Einst lebte ein Herr. Er hatte einen Bauern, der ihm Arbeiter aufs Gut schicken mußte. So schickte der Bauer seine beiden Söhne und manchmal seine Tochter zu ihm. Aber diese Tochter war sehr klug, deshalb ging sie selten aufs Gut arbeiten, sondern saß meistens nur zu Hause.

Einmal ging der Herr zu dem Bauern und fand die Tochter allein zu Hause. Daher fragte er sie:

»Wo ist dein Vater?«

Die Tochter antwortete ihm:

»Er ist in die Stadt gefahren, um das zu holen, wovon der Mund schief wird —.«

Der Herr verstand die Worte der Tochter nicht, aber er fragte nicht weiter und tat so, als hätte er alles begriffen.

Nun fragt der Herr:

»Wo ist deine Mutter?«

Die Tochter erwidert:

»Sie ist weinend unterwegs, um ihn zurückzuholen.«

Und wieder versteht der Herr nicht, was das bedeutet.

Darauf fragt er:

»Wo sind deine Brüder?«

Die Tochter antwortet:

»Sie gingen, um das Alte zu fällen, damit das Neue wächst.«

Und wieder versteht der Herr nicht, was das bedeutet.

Jetzt meint der Herr:

»Wenn dein Vater zurück ist, dann sage ihm, daß er zu mir kommen soll.«

Als der Vater heimkehrt, erzählt ihm die Tochter, daß der Herr hier gewesen sei und gesagt habe, daß er sich gleich nach seiner Rückkehr zu ihm aufs Gut begeben solle.

Der Vater geht sofort zum Herrn aufs Gut und läßt sich melden.

Der Herr fragt ihn:

»Wo warst du heute? Ich war bei dir und fand dich nicht zu Hause.«

»Ich war in der Stadt, um Salz zu kaufen.«

Darauf fragt der Herr:

»Und wo war deine Frau?«

»Meine Frau war zur Beerdigung ihres Bruders.«

Der Herr fragt weiter:

»Und wo waren deine Söhne?«

Der Vater antwortet:

»Sie waren im Wald Holz fällen.«

Jetzt sagt der Herr:

»Hier hast du zwanzig gekochte Eier, bringe sie deiner Tochter und sage ihr, daß sie so lange auf den Eiern hocken soll, bis sie kleine Küken ausgebrütet hat.«

Der Vater geht nach Hause und sagt, daß die Tochter ihm großen Kummer bereitet habe. Sie fragt ihn, was für einen Kummer sie ihm denn bereitet habe.

Der Vater sagt es ihr und gibt ihr die Eier, damit sie nun die Küken ausbrütet. Aber die Tochter merkt, daß die Eier gekocht sind, sie nimmt sie und ißt sie alle auf. Darauf nimmt sie eine Handvoll Weizen, gibt ihn dem Vater und sagt, daß er ihn dem Herrn bringen soll, damit er ihn aussät und dafür sorgt, daß er in zwei Wochen reif ist und Grütze daraus macht, denn dann sind die Küken ausgebrütet und werden Hunger haben.

Der Vater geht zum Herrn, berichtet ihm, was die Tochter gesagt hat, und gibt ihm die Handvoll Weizen.

Jetzt sagt der Herr, daß die Tochter die Eier aufessen soll. Er gibt dem Vater eine Handvoll Flachs und sagt, daß die Tochter daraus Hemden für seine Knechte weben solle.

Der Vater bringt die Handvoll Flachs nach Hause, gibt den Flachs der Tochter und berichtet ihr, was der Herr gesagt hat.

Die Tochter nimmt den Flachs und wirft ihn ins Feuer. Dann reißt sie aus dem Besen eine Rute, gibt sie dem Vater und sagt, daß er sie dem Herrn geben und ihm sagen solle, daß er daraus einen Webstuhl machen möge, denn sie haben keinen Webstuhl, um so viele Hemden zu weben.

Der Vater geht zum Herrn, gibt ihm die Rute und erzählt ihm, was die Tochter gesagt hat. Nun ist der Herr überrascht und spricht:

»Geh heim, doch sage diesmal deiner Tochter, daß sie zu mir zu Besuch kommen soll, aber weder zu Pferde noch zu Fuß, weder nackt noch angezogen, weder mit einem Geschenk noch ohne ein Geschenk.«

Der Vater ist sehr traurig, denn er weiß, daß das nicht geht. Aber die Tochter erwidert, daß ihr das gar nichts ausmacht, sie wird schon zu Rande kommen.

Sie läßt die Brüder eine lebende Krähe und einen Hasen fangen. Dann zieht sie sich nackt aus, wickelt ein Netz um ihren Körper, steckt die Krähe in eine Achselhöhle und den Hasen in die andere, steigt auf eine Ziege, packt sie an den Hörnern, und auf geht es zum Gut.

Als sie schon beinahe am Gut war, befahl der Herr, Hunde loszulassen, damit sie die Tochter zerfleischen, aber sie ließ ihren Hasen los, und die Hunde jagten diesem hinterher.

Die Tochter begab sich zum Herrn ins Schloß und war dabei, dem Herrn die Krähe als Geschenk zu überreichen. Aber kaum wollte er den Vogel in Empfang nehmen, da ließ die Tochter die Krähe los, und sie flog zum Fenster hinaus. Der Herr sprach:

»Du bist viel zu klug, als daß ich dir etwas zuleide tun könnte, und daher gefällst du mir. Deshalb bitte ich dich um deine Hand, aber nur unter der Bedingung, daß du als meine Frau mich nie im Reden übertreffen darfst, wenn ich etwas sage. Ebenso werde ich dich nie im Reden übertreffen, wenn du etwas sagst. Und wer von uns beiden sich nicht an diese Abmachung hält, der muß das Gut verlassen.«

So lebten sie eine lange Zeit in Eintracht miteinander.

Einmal hatten sich in der Nähe des Gutes drei arme Schlucker eingefunden: Einem von ihnen gehörte eine Stute, dem anderen Räder, und der dritte hatte einen Wagen. Aber da bringt die Stute ein kleines Füllen zur Welt, und die drei beginnen zu streiten und zu behaupten, daß das Füllen von den Dingen geboren worden ist, die jedem von ihnen gehören. Weil sie sich aber nicht einigen können, beschließen sie, zum Herrn zu gehen, damit er den Streit schlichtet.

Und der Herr sagt:

»Fahrt hinauf auf den Berg, und dann mag jeder seinen Gegenstand hinunterrollen lassen: Wessen Sache das Füllen nachläuft, dem gehört es.«

Und so taten's denn auch die Armen — sie stellten die Gegenstände hin, ließen die Stute los, aber sie begann sofort Gras zu fressen. Dann ließen sie die Räder los, sie rollten hinab, und das Füllen, das gewohnt war, Rädern hinterherzulaufen, rannte ihnen nach.

Nun begann wieder ein heftiger Streit, denn der, dem die Stute gehörte, ließ es nicht zu, daß man ihm das Füllen fortnahm. Sie beschlossen, noch einmal zum Herrn zu gehen. Da aber der Herr nicht zu Hause war, wandten sie sich an die Gnädige selbst und erzählten ihr, worum es gehe und daß sie wissen wollten, wer eigentlich das Füllen geboren hat.

Darauf sagt die Gnädige:

»Wie kommt ihr überhaupt auf den Gedanken, daß eine unbelebte Sache ein Füllen zur Welt bringen kann? Die Stute hat das Füllen geboren, und wem die Stute gehört, dem gehört auch das Füllen.«

Als der Herr heimkehrte, erfuhr er, was die Gnädige mit den Armen gemacht hatte. Da sagte er:

»Du hast dich nicht an unsere Abmachung gehalten, und deshalb mußt du jetzt das Gut verlassen, aber da du mir eine sehr gute Frau gewesen bist, gestatte ich dir, daß du dir das von meinen Sachen aussuchst, was du dir am meisten wünschst und was dir das Liebste ist.«

Die gnädige Frau bereitete nun einen Abschiedsabend. Sie machte den Herrn trunken, befahl dem Kutscher, Pferde vor die Kutsche zu spannen, hob den Herrn in die Kutsche, stieg ein und fuhr los. Auf halbem Wege wachte der Herr auf und fragte, wohin sie führen. Darauf erwiderte die Frau, daß sie fortfährt und das mitnimmt, was ihr das Liebste ist.

Nun erkannte der Herr, daß er eine sehr treue und liebe Frau hatte. Deshalb befahl er, die Pferde umzulenken und zum Gut zurückzufahren. Von diesem Tage an begann die glücklichste Zeit ihres Lebens.

Lettische Volksmärchen. Herausgegeben von *Ojārs Ambainis*. Übersetzung von Benita Spielhaus. Akademie-Verlag, Berlin (1977) ²1979, Nr. 109, S. 330—333.

Kommentar

Von Hochzeit und Scheidung erzählt dieses Märchen, das allgemein unter dem Namen *Die kluge Bauerntochter* (AaTh 875, KHM 94) bekannt ist und Carl Orff zu seiner Oper *Die Kluge* (1942) inspirierte. Es ist außerordentlich weit verbreitet, besonders in Europa, wird aber auch vom Vorderen Orient bis Indien erzählt und zeigt Ausläufer in anderen Kontinenten. Bisher sind über 600 Varianten bekannt.

Rätselfragen und Klugheitsproben gibt es in vielen anderen Erzählungen, und in verschiedenen Erzählkreisen finden sich sogar ähnliche kluge Antworten, absurde Aufgaben und Lösungen wie in unserer Geschichte, wobei nicht nur Frauen die klugen Rätsellöser sind. Die ältesten Beispiele stammen aus Indien. Hier weiß ein kluger Knabe schwierige Aufgaben zu lösen, oder es wird von einem ebenbürtigen Paar berichtet: In den Erzählungen aus den früheren Existenzen Buddhas, den *Dschātakas*, sucht Mahosadha eine neue Frau. Er begegnet einer jungen Schönen und fragt sie nach dem Woher und Wohin. Sie gibt verschlüsselte Antworten, die er – im Gegensatz zum Gutsherrn unseres Märchens – versteht. Als geistig gleichrangig erweisen sich Frau und Mann auch in den parallelen arabischen Geschichten über Schann und Thabaqah, aus vorislamischer Zeit als Wahrsagerpaar bekannt, dessen Prophezeiungen immer übereinstimmten. Doch werden die Geschichten vom Knabenkönig, vom klugen Minister oder vom Jüngling, der als einziger den Traum des Königs deuten kann, usw. als älter eingeschätzt, und die Erzählungen vom klugen Mädchen, das im Gegensatz zu seinem Vater die Rätselreden des Fremden versteht, für jüngere Formen gehalten. Allerdings gibt es im tibetanischen *Kandschur*, einer Sammlung buddhistischen Schrifttums, die seit dem 8. Jahrhundert zusammengestellt und ungefähr im 12. Jahrhundert vollendet wurde, eine Geschichte über die scharfsinnige Wisākhā, die sich nach ihrer Heirat mit Mahauschadha als die Klügere zeigt und weise Entscheidungen trifft.

Das die verschiedenen Episoden vereinigende Märchen von der klugen Heldin und dem Ehemann, der die geistige Überlegenheit seiner Frau fürchtet, ist jedoch typisch für Europa und vermutlich hier entstanden. Das Schlußmotiv, bei der Scheidung das Liebste oder Kostbarste im Hause mitzunehmen, findet sich in talmudischer Tradition und ist auch aus der Sage der treuen Weiber von Weinsberg bekannt.

Unser lettischer Text zeigt für die osteuropäischen Varianten typische Aufgabenstellungen. Die Kluhzeit der Heldin wird hier noch durch einen gesellschaftskritischen Seitenhieb aktualisiert: Sie ist zu intelligent, um sich auf dem Gutshof oft beim Arbeiten blicken zu lassen. Leider ist nicht bekannt, wer die Geschichte erzählt hat. Der Text wurde in vorsowjetischer Zeit aufgezeichnet und stammt aus dem Archiv der Folklore-Sektion an der Lettischen Akademie der Wissenschaften, in dem ca. 35 000 Märchen und 30 000 Sagen und anderes Erzählgut aus einer etwa 100jährigen Sammeltätigkeit aufbewahrt sind.

Literatur

de Vries, Jan: Die Märchen von klugen Rätsellösern (Folklore Fellows Communications, Band 73). Helsinki 1928.
Wesselski, Albert: Der Knabenkönig und das kluge Mädchen. In: Sudetendeutsche Zeitschrift für Volkskunde, 1. Beiheft. Prag 1929; vgl. dazu die Rezension von *Walter Anderson* in: Hessische Blätter für Volkskunde 28 (1929) 206—214.
BP 2, 349—373.
Dömötör, Ákos: Bauerntochter: Die kluge B. (AaTh 875). In: EM 1 (1977) 1353—1365.
Ranke, Kurt: Ad absurdum führen. In: EM 1 (1977) 79—85.

19.

Die eingemauerten Schwestern

Es war einmal ein Hoftischler, und der hatte drei Kinder. Das waren Mädchen. Da befahl ihm der König eine Arbeit, zu der er von zu Hause fort mußte, ganz weit weg; für sechs oder sieben Jahre. Der Mann konnte nicht sagen: »Ich gehe nicht!« Sie brauchten ja schließlich zu essen! … Aber es gefiel ihm nicht, daß er so weit weg mußte, in so ein Land, für vier oder sechs Jahre Arbeit. Er kommt ganz untröstlich, traurig zu den Mädchen nach Hause und sagt zu ihnen: »Mädchen, Seine Majestät hat mir diese Arbeit befohlen. Ich muß fort, ich muß euch verlassen. Aber ich habe eine Bitte an euch.« – »Und was für eine Bitte«, sagen sie, »ist das, Papa?« – »Daß ihr damit einverstanden seid, daß ich den Eingang zumaure.« Sie sagen: »Ach, das ist es, damit sind wir ganz einverstanden!« Und so läßt der Mann die Tür zumauern. Er bringt alles, alles, alles, was sie brauchen; er läßt ihnen Geld da, und er sagt zu ihnen: »Nehmt diesen schönen großen Korb und das Seil vom Brunnen. Und wenn die Männer vorbeikommen, die Sachen verkaufen, laßt ihn runter und kauft, was ihr möchtet, und so versorgt ihr euch. Und auf Wiedersehen!« – »Auf Wiedersehen!« Er küßt sie: das könnt ihr glauben, schaut, was das für Tränen waren! und er läßt die Tür fertig zumauern, denn er hat für sich ein bißchen Durchgang gelassen; und er macht sich auf die Reise.

Und dann war es so, daß Seine Majestät im rückwärtigen Teil des Schlosses am Fenster war. Er stand genau den Fenstern der Mädchen gegenüber, und sie waren alle drei da, gegen elf, um ein bißchen Luft zu schnappen. Er hat zufällig hingeschaut und sieht die drei schönen Mädchen; die waren ganz aus Milch und Blut, so schön! Er sagt nicht: »Wer ist das gewesen?« Am Morgen zieht er ärmliche Kleider an, nimmt einen Korb Goldfäden und macht die Runde: »Goldfäden zu verkaufen! Schöne Goldfäden! Goldfäden zu verkaufen!« Und die Mädchen sagen: »Sollen wir den Mann nicht rufen? Solange wir hier eingeschlossen sind, können wir eine schöne Arbeit machen, los.« Sie rufen ihn, und er: »Zu Diensten, was möchten Sie, meine Damen?« »Um wieviel verkaufen Sie Ihre Goldfäden?« Er sagt ihnen den Preis, und sie lassen ihm das Geld herunter. Teuer waren sie: den genauen Preis weiß ich nicht, aber ich kann es mir schon vorstellen. Sagen wir eine Zechine. »Aber geben Sie acht«, sagt der König, »sie sind schwer.« »Ach!« sagen sie, »wir sind ja zu dritt. Wieso in aller Welt sollen wir das zu dritt nicht schaffen?« Und was macht er da? Er hängt sich an das Seil, an den Korb, und hinauf geht es. Sie glauben, es sind die Goldfäden, die so viel wiegen, und in Wirklichkeit ist es der König selbst. Und sie, als sie sehen, daß es ein Mann war, kapieren nicht, nein: sie wollen ihn hinunterwerfen. Aber er sagt zu ihnen: »Halt! Ich bin der König!« und hält sich am Fenster fest. »Ich habe gemerkt, daß ihr allein seid, und da bin ich gekommen, um euch Gesellschaft zu leisten.« Die Mädchen, das könnt ihr verstehen, waren jetzt beschämt, weil sie arm waren, und sagten: »Majestät, vergebt: wir sind arme Mädchen. Wir können Euch nicht empfangen, wie es Euch gebührt. Daran können wir überhaupt nicht denken!« – »Ach«, sagt er, »egal! Ich suche keinen Reichtum. Ich komme zu euch, weil ich sicher bin, daß ihr ordentliche Mädchen seid. Und ich komme, um eine Stunde mit euch zu verbringen. Was tut es mir leid«, sagt er, »daß euer Vater nicht da ist! Weil ich drei Feste gebe: und es tut mir leid, weil ihr Armen nicht dazu kommen könnt.« Die Mädchen sagen ihm Höflichkeiten: »Zu liebenswürdig, Majestät, zu liebenswürdig.« – »Aber«, sagt er, »wenn euer Vater wieder da ist, gebe ich andere, und dann kommt ihr hin.« Er bleibt noch ein bißchen, noch eine halbe Stunde, schätze ich, und dann sagt er zu ihnen: »Auf Wiedersehen, auf Wiedersehen, bis morgen.« Er setzt sich wieder in denselben Korb, und sie lassen ihn mit demselben Seil hinunter, genau wie er heraufgekommen ist.

Er geht ins Schloß, und die Mädchen bleiben da und beschwatzen die Sache. Die Jüngste sagt: »Meint ihr nicht, daß ihr mich heute abend hinunterlassen müßt?« – daß sie sie auch hinunterlassen sollten. »Und wozu«, sagen die Schwestern, »sollen wir dich hinunterlassen?« – »Ihr sollt mich hinunterlassen und nicht fragen, was ich vorhabe.« Also, sie bestand darauf. Die Schwestern sagten nein, und sie immer: »Ihr laßt mich hinunter, ihr müßt mich hinunterlassen.« Die Schwestern wurden es leid: sie sagten nein und die Kleine sagte doch. »Willst du runter? dann geh doch runter!« und sie ließen sie am Seil hinunter. Das Mädchen hatte einen großen Korb mitgenommen. Sie geht zur Geheimtür von Seiner Majestät. Sie spitzt die Ohren; sie hört niemanden. Flugs geht sie hinein und kommt in die Küche. Und weil alle Wachen damit beschäftigt waren aufzupassen, ihr wißt schon, dort wo sie sollten, dachte an diesen Ort überhaupt keiner. Was tut's? Sie nimmt die allerbesten Sachen, alle Bräten, ihr könnt euch vorstellen, was das war! und steckt alles in den Korb, die besten Sachen. Und die anderen Sachen, die für Seine Majestät übriggeblieben waren: voller Asche und Wasser, sie verdirbt ihm alles. Und dann geht sie, und geht in den Keller: nimmt die besten Weine, die besten Flaschen, alle Sorten, die sie nehmen konnte. Und dann läßt sie alle Fässer, Flaschen und alles, was übrigbleibt, auslaufen und geht. Sie rennt nach Hause. »Zieht mich rauf! Zieht mich rauf!« (zu den Schwestern). Und da ziehen die Schwestern sie hinauf: und sehen den Korb mit Sachen, voll mit allen Gaben Gottes. Sie fragen sie: »Wie denn?« und sie: »Still! Ich sage es euch. Schließt alle Fenster und ich sage es euch!« Sie machen alles zu und sie sagt zu ihnen: »Ich bin so und so zu Seiner Majestät gegangen. Ich habe das und das gemacht. Ich habe die allerbesten Sachen genommen; und dann habe ich die Eßsachen, die übriggeblieben waren, mit Asche bestreut. Und dann habe ich alle Fässer auslaufen lassen.« Die Schwestern sagen: »Ach, was hast du gemacht!« — »Wir sollen ans Essen denken«, sagt sie, »und nicht an was anderes.«

Kommen wir nun zu seiner Majestät, der nach dem Tanzen sicher befiehlt aufzutragen: auf allen Festen hat er sein Buffet. Die Köche gehen in die Küche und finden die Bescherung. Von dem Schreck sind sie mehr tot als lebendig und sehr betrübt, weil sie nicht wußten, was sie Seiner Majestät sagen sollten. Seine Majestät blieb dabei: »Tragt auf!« Da sagt einer von ihnen: »Majestät, habt die Güte, kommt mit uns und seht Euch an, welches Unglück geschehen ist.« — »Ach, ihr Spitzbuben!« sagt er. »Verräter! Das ist einer von euch, der mir diese Kränkung angetan hat!« Sie werfen sich ihm weinend zu Füßen: »Majestät, wir sind unschuldig!« — »Ach«, sagt er, »steht auf. Geht wenigstens in den Keller und holt etwas zu trinken.« Und er geht zu den Herrschaften und sagt: »Meine Damen und Herren, es ist das und das. Sie müssen sich mit Erfrischungen begnügen. Nun ist das Unglück da: ein schlechter Stern, eine Fee, die mir das größte Übel will.« — Die Hofleute gehen in den Keller und finden den See, so tief, daß ein Mensch bis über die Hüften drin stehen kann. Sie schreien! »Majestät, habt die Güte, mit uns zu kommen, weil …«. Er geht hinunter und sieht einen ganzen See, alles ausgelaufen. Er geht wieder hinauf und sagt zu den Herrschaften: »Meine Damen und Herren, ich bitte um Nachsicht. Sie sehen ja, ich kann Ihnen nicht einmal etwas zur Erfrischung anbieten. Wer sind diese Schurken?« Und er weinte vor Scham. »Aber morgen abend, meine Damen und Herren, werde ich die Wachen verdoppeln. So wird es nicht weitergehen. Denn vom ersten, den ich entdecken kann, von dem wird kein Teil übrigbleiben, das größer ist als ein Sandkorn. Dieser Dieb, dieser Schurke ...«. Die Herrschaften verabschiedeten sich mit leerem Magen und Seine Majestät begann zu weinen; und er weinte die ganze Nacht und sagte immerzu: »Dafür, daß meine Mädchen mich so gern haben, kommen diese Verräter, die mir so übel mitspielen.«

Schauen wir zu den Mädchen. »Oh!« sagen sie, »gleich ist Seine Majestät zu erwarten; gleich muß er zu sehen sein, schau, er hat es versprochen. Lassen wir uns die Sache nicht anmerken.« Also, und nach einer Viertelstunde, Seine Majestät: »Goldfäden zu verkaufen!« – »Da ist er!« sagen sie. Sie lassen das Seil hinunter, und er kommt hinauf, traurig, mit roten Augen. »Majestät, was habt Ihr heute?« sagen sie zu ihm. »Ach, meine Mädchen, ich erzähl euch, was ich habe«, sagt er. »Erinnert ihr euch, daß ich euch gestern gesagt habe, daß ich drei Feste gebe?« – »Jawohl, Majestät.« – »Ihr müßt wissen, gestern abend um die Zeit, als aufgetragen werden sollte, gehen meine Leute in die Küche und finden alle Sachen voll Asche und Wasser, alles verdorben, man kann gar nicht sagen, was für eine Verwüstung. Sie waren mehr tot als lebendig, meine Diener. Ich bestand darauf, daß sie auftragen sollten. Da fielen sie mir zu Füßen und sagten: Majestät, kommt und seht, was Furchtbares geschehen ist. Und ich sagte zu ihnen: Ach, ihr Verräter, Spitzbuben, das ist einer von euch. Sie warfen sich mir zu Füßen, und ich wußte wohl, daß sie unschuldig waren. Aber das muß ein schlechter Stern sein, oder eine Fee, oder ein Verräter. Aber wenn ich ihn entdecke, dann soll ein Sandkorn noch größer sein als er! dann soll er kleiner gehackt werden als der Sand.« – »Aber wie kann man denn nur so etwas tun?« antworteten die Mädchen. »Wo der König doch so ein guter Herr ist. Wie kann man ihm nur so etwas antun und ihm die Sachen verderben?« – »Oh, aber heute abend sind die Wachen verdoppelt, oh!« Er tut, als ob er sagen wollte, es scheint ihm, er hätte sie schon, diese Person. Er bleibt noch ein bißchen, dann geht er: »Auf Wiedersehen, auf Wiedersehen, bis morgen.«

Als es gegen elf Uhr ist, sagt die jüngste Schwester: »Meint ihr nicht, daß ihr mich heute abend hinunterlassen sollt?« Da sagen die Schwestern: »Oh, also heute abend lassen wir dich bestimmt nicht hinunter. Du müßtest es doch gehört haben! Er hat gesagt, wenn er die Person entdeckt, dann soll sie kleiner gehackt werden als der Sand. Wir lassen dich nicht hinunter.« Nein und doch; nein und doch; sie müssen sie hinunterlassen, sie sind gezwungen, sie hinunterzulassen. Als sie sie hinuntergelassen haben, geht sie zum gewohnten Eingang. Sie spitzt die Ohren, oh! sie hört keine Seele. Alle paßten dort auf, wo sie glaubten, daß Leute kommen könnten, aber hier war keiner, sie wußten nichts von der Geheimtür. Das Mädchen wußte es, weil es ihm sein Vater erzählt hatte. Sie nimmt die Sachen, mehr als am letzten Abend, weil es mehr Sachen gab und erlesenere; und was übrigbleibt, damit tut sie wieder das gleiche: alles Asche und Wasser und alles ein Chaos. Sie geht in den Keller und nimmt die besten Sachen, die dort sein können, weiß ich! erlesene Flaschen, noch besser als beim letzten Mal. Sie läßt die Fässer auslaufen und dann entwischt sie nach Hause. »Zieht mich rauf, zieht mich rauf!« Dann ist sie oben; und sie machen ganz fröhlich ein Festessen.

Kommen wir jetzt zu Seiner Majestät, der zu den Herrschaften sagt: »Heute abend ist es nicht wie gestern, nein! Ich habe die Wachen verdoppelt. Tragt auf!« sagt er zu den Köchen, zu der Dienerschaft. Sie gehen in die Küche und finden sie schlimmer als am anderen Abend: alles in Asche, Wasser; ein Schlachtfeld. »Majestät«, sagen sie, »habt die Güte und kommt zu uns.« — »Ah? ist das vielleicht wieder die gleiche Schurkerei?« — »Majestät, kommt und seht es Euch an.« — »Ach, ihr Verräter, jetzt erkenne ich, wer ihr wirklich seid. Mit der doppelten Wache ist hier keiner hereingekommen.« Ihm zu Füßen schreien sie: »Majestät, rettet uns! Wir sind unschuldig.« Seine Majestät sagt: »Hier ist also einer, der mir derart übel mitspielt! Steht auf, ich vergebe euch. Geht wenigstens in den Keller: die Herrschaften werden entschuldigen und sich mit Erfrischungen begnügen.« Sie gehen in den Keller, und wenn der See am ersten Abend noch hüfthoch stand, konnte man diesmal überhaupt nicht hinein, wenn man nicht ertrinken wollte. Seine Majestät ist gezwungen, zu den Herrschaften zu sagen: »Sehen Sie sich das Pech an, das ich habe. Und nicht bloß das … aber daß ich diesen schlechten Stern habe und daß ich ihn nicht entdecken kann!« Und die Herrschaften müssen mit einem Loch im Bauch abziehen, wie man sagt, ohne etwas zu sich genommen zu haben an diesem zweiten Abend. »Aber«, sagt der König, »morgen abend werde ich in Person da sein.« Sie gehen. Kommen wir zum König, der in heftiges Schluchzen ausbricht. Er weint und sagt immerzu: »Meine armen Mädchen, wie gerne sie mich doch haben, und diese Verräter, wie übel sie mir mitspielen!«

Kommen wir jetzt zu den Mädchen. »Oh!« sagen sie, »paßt auf! Es dauert nicht mehr lang, gleich kommt Seine Majestät. Bemühen wir uns, daß wir uns nichts anmerken lassen, sonst ist das unser Tod.« Und dann nach einer halben Stunde erscheint Seine Majestät mit den Goldfäden: er war ganz erschöpft. »Oh«, sagen sie, »da ist er! nur den Kopf nicht verlieren!« Sie lassen das Seil hinunter und er kommt herauf, mehr tot als lebendig. »Einen wunderschönen Tag, Majestät. Oh, wie geht es Euch? oder fühlt Ihr Euch schlecht?« Er sah aus wie tot. Er sagt: »Ach, meine Mädchen, ihr wißt ja nicht! Gestern abend war die Schurkerei noch schlimmer als am ersten Abend.« – »Ach, wie ist das nur möglich, gnädiger Herr? Ihr seid so ein guter Herr! Daß sie Euch so eine Niedertracht antun müssen?« – »Oh, aber heute abend werde ich in Person da sein. Da gibt es kein Pardon mehr. Oh, wenn ich ihn bekommen kann! ... wenn ich ihn entdecken kann! ... und ich wiederhole, was ich euch gesagt habe: ich lasse den Menschen so klein hacken, daß ein Sandkorn noch groß dagegen ist.« – »Oh, Ihr habt recht! Ihr seid so ein guter Herr!« antworten sie ihm.

Seine Majestät geht, nachdem er sich noch eine halbe Stunde bei ihnen aufgehalten hat. Als er gegangen ist: »Meint ihr nicht, daß ihr mich heute abend noch hinunterlassen sollt?« sagte die Jüngste von allen. »Ach, heute abend lassen wir dich wirklich nicht runter. Wir lassen dich nicht runter, und auf jeden Fall schreiben wir dem Papa, weil wir solche Sachen nicht mögen.« Was wollt ihr? Doch – nein; doch – nein; sie waren auch an diesem Abend gezwungen, sie hinunterzulassen. Stellt euch vor, sie geht durch die Tür: wenn am ersten Abend dort alle guten Gaben Gottes waren, kann es am letzten nicht anders sein, also! Sie nimmt ihren Korb und fängt an, Sachen hineinzutun, die allerbesten, die da waren. Mit den anderen macht sie es wie üblich: voller Wasser und Asche, ganz und gar verdorben liegen sie da, wie am vorigen Abend. Und sie geht in den

Keller. Sie steigt in den Keller hinunter, nimmt den besten Wein und die besten Flaschen, dann dreht sie sich um und sieht einen Topf mit Verdea*. Flugs nimmt sie ihn und stellt ihn in den Korb. Sie läßt alle Fässer auslaufen, dann flugs nach Hause: »Zieht mich rauf, zieht mich rauf!« Oben setzt sie sich mit den Schwestern zum Essen. Lassen wir sie dort in gaudeamus sein und speisen wie die Prinzessinnen, und kehren wir zu Seiner Majestät zurück, der sagt: »Meine Damen und Herren, heute abend ist es nicht wie letzten Abend: ich habe selber gewacht.« Und die Herrschaften freuen sich schon im stillen. Jetzt befiehlt er aufzutragen. Die Köche kommen in die Küche und sehen eine hundertmal größere Verwüstung als an den ersten Abenden. Schneller als sonst gehen sie zu Seiner Majestät, denn: »Heute abend«, sagen sie, »war er selbst dran, er kann uns nicht beschuldigen.« – »Majestät, kommt und seht.« – »Und was gibt's zu sehen?« – »Kommt und seht«, sagen sie. Er geht hin, um es sich anzusehen, was? stellt euch das nur vor! »Das ist ein schlechter Stern, eine Fee, die ihr Spiel mit mir treibt!« Er geht zu den Herrschaften: »Meine Damen und Herren, wir sind wieder beim alten. Kommen Sie und sehen Sie sich das auch an.« Schau, der Arme. Sie gehen in den Keller, stellt euch vor, ein ganzer See: man konnte überhaupt nicht hineingehen. Die ganzen Flaschen mit Wein zerschlagen und alles durcheinander. Er sagt zu den Herrschaften, sie sollten Geduld haben, aber daß er keine Feste mehr geben würde, weil er nicht einmal mehr Erfrischungen für sie hatte. Ein ganzer See da unten, es war einfach nicht zu begreifen. Er weinte, seufzte, und es kam ihm vor, als würde es tausend Jahre dauern, bis der Morgen kam, bis er zu seinen Mädchen gehen konnte. Er sagt: »Meine armen Mädchen, wie gern sie mich doch haben, und diese Verräter, wie übel sie mir mitspielen!«

Gehen wir nochmal zurück zu den Mädchen: »Wo soll ich denn den Topf mit der Verdea hinstellen?« sagt sie. Die Verdea ist etwas, was man ißt wie Eingemachtes, stell ich mir vor; aber was es ganz genau ist, weiß ich nicht. Sie hatten keinen Platz dafür, sie dachten, sie sollten ihn unter das Bett stellen, den Topf, gegenüber vom Fenster. Da ist schon Seine Majestät: »Goldfäden zu verkaufen! Schöne

---

* eine Weintraubensorte

Goldfäden! Goldfäden zu verkaufen!« – »Da ist er, da ist er! um Gottes Willen, laßt uns nichts anmerken. Schau, jetzt braucht es Mut.« Sie lassen den Korb hinunter, mit dem Seil wie gewöhnlich; sie ziehen ihn herauf. Er weinte heiße Tränen. »Oh, Majestät! Was habt Ihr denn?« – er war doch zu verzweifelt. »Ach, was ich habe? Schlimmer als die vorigen Abende! Es hat nicht gereicht, daß ich persönlich da war. Das ist ein schlechter Stern oder eine Fee. Aber ich gebe jetzt keine solchen Feste mehr.« Sie unterhielten sich über dieses und jenes, und die Mädchen sagten immerzu: »So ein guter Herr!« – ständig wiederholten sie es. Seine Majestät hat sich noch eine halbe Stunde, wie gewöhnlich, bei den Mädchen aufgehalten, und dann geht er: »Auf Wiedersehen, auf Wiedersehen, bis morgen.« Während die Mädchen ihn hinunterlassen, sieht er den Topf mit der Verdea unter dem Bett: »Oh, Verräter!« sagt er und will wieder nach oben. Und sie lassen ihn ohne ein Wort hinunterfallen. Die ihn hinunterfallen ließ, das war die jüngste Schwester. Seine Majestät tut sich weh, aber nicht so arg. Schaut, die älteren Mädchen sagten nun zu ihrer Schwester: »Egal, was ist, schuld bist du. Wir können nichts für das Ganze.«

Kommen wir zu Seiner Majestät. Er geht in seine Wohnung und schreibt dem Vater der Mädchen gleich einen vernichtenden Brief: daß er in zweieinhalb Stunden im Schloß sein muß, sonst verliert er den Kopf. Schaut, der Mann ist in größter Verzweiflung, denkt an alles mögliche und weiß nicht, warum Seine Majestät ihm gesagt hatte für sechs Jahre und ihn nach ein paar Tagen wieder rufen läßt: »Also, da ist etwas!« sagt er. »Meine Töchter können es nicht sein, weil ich ihnen den Eingang vermauert habe, unmöglich!« Er macht sich auf die Reise, mehr tot als lebendig vor Sorgen, vor Gedanken und kommt ins Schloß. Er sagt: »Seine Majestät hat mich rufen lassen.« Und so hört Seine Majestät, daß er angekommen ist und sagt: »Laßt ihn herein.« Und der Mann kommt herein. »Was befehlen Eure Majestät?« – »Setzt Euch«, sagt Seine Majestät. Und der Mann setzt sich hin. »Sagt mir, wie viele Töchter habt Ihr?« Das trifft ihn wie ein Schlag, denn: »etwas ist mit meinen Töchtern!« Er sagt: »Drei, Majestät.« – »Gut: kann man sie sehen, diese drei Töchter?« – »Majestät, wann immer Sie wünschen. Aber denken Sie daran, daß wir arm sind. Wir können Sie nicht empfangen, wie

es Ihnen gebührt.« – »Das ist mir gleich!« sagt Seine Majestät. »Ich brenne darauf, sie zu sehen; und eine von ihnen möchte ich zur Frau.« Der Mann wirft sich ihm zu Füßen und sagt: »Majestät, ich bin ein armer Mann. Unmöglich, daß Ihr Euch dazu erniedrigen wollt, eine meiner Töchter zu nehmen.« – »Oh, ich wiederhole Euch, daß ich eine von den dreien will.« – »Also«, sagt er, »Majestät, Ihr werdet mir erlauben, daß ich die Mauer am Eingang einreißen lasse, weil ich ihnen beim Weggehen den Eingang vermauert habe. Und dann können wir hingehen.«
Er geht und läßt den Eingang einreißen und geht nach oben zu seinen Töchtern. »Oh Papa!« Sie heißen ihn herzlich willkommen, das kann man sich denken. »Oh Papa, du bist wieder gesund zu Hause. Wie kommt das so schnell?« – »Majestät hat mich rufen lassen und ich habe zurückkehren müssen, also. Und er hat zu mir gesagt: ›Wie viele Töchter habt Ihr?‹« Stellen wir uns vor, wie es ihnen ums Herz war, den Großen: »Da haben wir es, schau!« – »Und ich habe zu ihm gesagt: ›Drei, Majestät; drei Töchter habe ich.‹ – ›Könnte man sie sehen?‹ Ich habe zu ihm gesagt: ›Majestät, Ihr wißt ja, wir sind arm; wir können Euch nicht gebührend empfangen.‹ Und er hat gesagt: ›Ach was! nein, nein, ich wiederhole Euch, ich will sie sehen, weil ich eine von den dreien zur Frau haben möchte. Die, die mich will.‹« Die Älteste sagt zu ihrem Vater: »Ich nicht, ich will ihn wirklich nicht.« Die Zweite: »Ich auch nicht, weißt du, Papa, weil …« Die Jüngste: »Ich nehme ihn«, sagt sie. »Ich nehme ihn gern.« – Und da ist Seine Majestät, der mit ihrem Vater ins Haus kommt und hinaufgeht und sich zu unterhalten beginnt, von diesem, von jenem zu sprechen anfängt. Ihr Vater ist gezwungen, zu ihnen zu sagen: »Seine Majestät geruht, eine von euch zur Frau zu nehmen.« Die Älteste sagt nein: »Nein, weil … was soll ich denn dazu sagen! Daran ist nicht zu denken! Ich bin doch nicht in der Lage …«. Die Zweite genauso: »Wir sind nicht gebildet, so wie es Ihnen gebührt.« Die Jüngste sagt: »Ich nehme ihn gern.« Sie war es, die ihm die Streiche gespielt hatte.
Also, sie beschließen die Hochzeit; sie machten sie schnell, in vier oder sechs Tagen. Am Tag der Trauung, nach dem Ringwechsel, möchte sie einen Augenblick für sich haben. Sie sagt zu ihren Zofen: »Ich habe mir einen kleinen Scherz für den König ausgedacht.«

— »Was haben Sie sich ausgedacht, gnädige Frau?« — »Sei still. Ich hab einen kleinen Scherz für ihn. Ich will eine Frau machen lassen, ganz aus Teig, und innen ganz aus Zucker und Honig: und dann sollen Fäden daran sein, damit man sie ja und nein sagen lassen kann.« Man stelle sich vor, kaum hatte sie den Auftrag gegeben, da war sie schon fertig! »Weil ich sie ins Bett legen will, als kleinen Scherz für den König. Anstelle von mir soll nämlich die Frau aus Teig drinliegen.« Und kaum ist sie fertig, läßt sie sie ins Bett legen, mit einem Nachthäubchen auf und ganz so angezogen, als wäre sie es selbst. Nach dem Mittagessen, nach dem Abendessen, nach all dem Feiern kommt die Zeit, schlafen zu gehen. Und sie bittet darum, einen Moment früher ins Bett zu dürfen. Anstatt sich auszuziehen, kriecht sie unter das Bett und hält die Fäden bereit, damit sie, wenn nötig, daran ziehen und die Frau ›ja‹ und ›nein‹ machen lassen kann. Kommen wir jetzt zu Seiner Majestät, der zu den Dienern sagt: »Ihr braucht mich heute abend nicht auszuziehen: das mache ich selbst.« Er kommt in das Zimmer und sperrt es zu. Er sagt: »Du Spitzbübin! Erinnerst du dich wohl daran, als ich die drei Feste gegeben habe und man mir diese Schande angetan hat, daß du da immerzu gesagt hast: ›So ein guter Herr!‹, Verräterin!« Sie, unter dem Bett: »Ja, ich erinnere mich.« Und sie zog an den Fäden, damit die Frau aus Teig mit dem Kopf ›ja‹ machte. »Ach, du erinnerst dich daran, wie?« — »Ja«, sagt sie. »Ich erinnere mich.« — »Jetzt ist die Zeit für meine Rache gekommen.« Er nimmt das Schwert und geht zum Bett und sticht auf sie ein; los! sticht auf die Puppe ein, die dort liegt. Und es spritzt Zucker und Honig aus ihr heraus. Und er schmeckt Süßes, Zucker und Honig, und da beginnt er: »Ach, meine Leonarda aus Zucker und Honig! wenn ich dich noch hätte, würde ich dich sehr lieb haben.« Sie sagt: »Ich bin tot.« Schau, sie sagt es mit einer ganz schwachen Stimme. Und er bleibt dabei: »Ach, meine Leonarda aus Zucker und Honig! wenn ich dich noch hätte, würde ich dich sehr lieb haben.« Und sie sagt wieder: »Ich bin tot.« Als sie sieht, daß er wirklich dabei war, sich umzubringen (denn er wollte sich umbringen), kommt sie heraus und sagt: »Ich lebe, ich lebe!« Sie fielen sich um den Hals, sie küßten sich, sie verziehen einander, und niemand hat je etwas davon erfahren, weil es unter ihnen blieb. Er hat sie wirklich umgebracht, sie war tot: aber nur im Spaß. Am

Morgen standen sie auf, wie gewöhnlich. Leonarda ließ ihren Vater und ihre Schwestern kommen und machte sie zu den Vornehmsten am Hof. Und so ist es ihr mit einem Streich gelungen, Königin zu werden. Und sie lebte glücklich, aber dazu braucht es solche Listen.

Imbriani, Vittorio: La novellaja fiorentina. Fiabe e novelline stenografate in Firenze dal dettato popolare. Livorno 1977 (erw. Neuaufl. der Ausg. Neapel 1871), Nr. 3, S. 30–41. Übersetzung: Christine Shojaei Kawan.

Kommentar

Von diesem Märchen gibt es nicht allzu viele, doch breit über Süd-, Mittel-, Nord- und Osteuropa verstreute Belege, darüber hinaus finden sich Nachweise aus Mittelamerika, Brasilien, der Türkei und von den Berbern. Die Erzählungen dieses Typs (AaTh 883 B) werden allgemein unter der Bezeichnung *Der bestrafte Verführer* zusammengefaßt, denn die Anschläge der Heldin sind meist Racheakte für die Verführung ihrer Schwestern und geplante Übergriffe auf die eigene Person. In der ältesten bekannten Version (Basile 3,4: *Sapia Liccarda*) steigen drei Prinzen bei Kaufmannstöchtern ein, denen der Vater wegen der Flirtlust der älteren die Fenster hatte vernageln lassen. Nur die kluge Sapia Liccarda widersteht dem jüngsten Prinzen. Doch trotz der im Text mitgelieferten moralischen Lehren freuen sich hier die Königssöhne, als ihnen die inzwischen geborenen Kinder der älteren Schwestern von Sapia ins Bett gelegt werden, während der Jüngste betrübt ist, weil er leer ausgeht und nur einen Stein unter seinem Kopfkissen findet. Abweichend von den üblichen Fassungen endet das Feenmärchen *L'adroite Princesse (Cabinet des fées*, Bd. 1, 98–140), das in verschiedenen Perrault-Ausgaben veröffentlicht wurde, aber vermutlich nicht von ihm stammt: Ein Prinz verführt zwei Schwestern, die Jüngste entzieht sich ihm und weiß ihm Kontra zu geben; er kommt zu Tode, und sie heiratet seinen tugendhaften Bruder. Einer der Streiche dieses Märchens erscheint auch öfters in mündlichen Erzählungen: Das Mädchen bereitet dem Prinzen ein Bett über der Latrine, und er stürzt prompt hinunter. Verwandt ist die Geschichte vom Basilikummädchen (AaTh 879), in der sich die Neckereien zwischen einem jungen Mann und einem Mädchen zu immer schlimmeren Schelmenstücken steigern, bei denen das Mädchen die Oberhand behält. In der Hochzeitsnacht will der Mann sie umbringen, trifft jedoch wie hier nur die ins Bett gelegte Zuckerpuppe.

Der abgedruckte italienische Text, der immerhin schon in den siebziger Jahren des letzten Jahrhunderts veröffentlicht wurde, steht in Spontaneität, Ungezwungenheit und Natürlichkeit des Tonfalls den modernen Tonbandaufnahmen (Texte 4, 14, 17) verblüffend nahe. Der Sammler Vittorio Imbriani, seiner Zeit weit voraus, bediente sich beim Mitschreiben der Stenographie. Seine wortgetreuen Wiedergaben fanden teilweise wenig Verständnis. So rügte der Literaturhistoriker Alessandro D'Ancona »eine gewisse, auf die Dauer ermüdende Unbeholfenheit der Erzählung, wie sie meist dem Volke eigen ist« und empfahl eine »leichte, mit vorsichtiger Hand geübte Nachhülfe« (p. XIV). Imbriani ließ sich nicht beirren, ihm lag am Herzen, die florentinischen Erzählungen ohne literarisierende Retuschen in ihrer mündlichen Eigenart, in der Sprache der einfachen Leute wiederzugeben. Über seine Erzählerinnen und Erzähler hat er uns leider nichts gesagt.

Literatur

Meraklis, Michael: Basilikummädchen (AaTh 879). In: EM 1 (1977) 1308–1311.

Die Frau in Kirche und Gesellschaft

Bücher zur feministischen Literatur in GTB Siebenstern

Catharina J. M. Halkes
Gott hat nicht nur starke Söhne

Grundzüge einer feministischen Theologie. Ins Deutsche übertragen von Ursula Krattiger-van Grinsven. 5. Auflage. 128 Seiten. Deutsche Erstausgabe. (GTB 371)

Catharina J. M. Halkes
Suchen, was verlorenging

Beiträge zur feministischen Theologie. Aus dem Niederländischen von Franz J. Lukassen. 174 Seiten. Deutsche Erstausgabe. (GTB 487)

Elisabeth Moltmann-Wendel
Ein eigener Mensch werden

Frauen um Jesus. 6. Auflage. 150 Seiten mit zahlreichen Fotos. Originalausgabe. (GTB 1006)

Elisabeth Moltmann-Wendel
Das Land, wo Milch und Honig fließt

Perspektiven einer feministischen Theologie. 2. Auflage. 205 Seiten mit 12 Fotos. Originalausgabe. (GTB 486)

Rosemary R. Ruether
Sexismus und die Rede von Gott

Schritte zu einer anderen Theologie. Aus dem Englischen übertragen von Annemarie Eggers, Jean Fraser, Anne-Marie Rathschlag-Schaefer, Hildburg Wegener-Fueter und Karin Wilms. 333 Seiten. Deutsche Erstausgabe. (GTB 488)

88-37.1

Gütersloher Verlagshaus Gerd Mohn

Die Frau in Kirche und Gesellschaft

Rosemary R. Ruether
Frauenbilder – Gottesbilder
Feministische Erfahrungen in religionsgeschichtlichen Texten. Aus dem Amerikanischen übersetzt von Birgit Keune. 411 Seiten mit zahlreichen Abbildungen. Deutsche Erstausgabe. (GTB 490)

Die tägliche Erfindung der Zärtlichkeit
Gebete und Poesie von Frauen aus aller Welt. Herausgegeben von Sybille Fritsch und Bärbel von Wartenberg-Potter. Bearbeitet und aus dem Englischen und Französischen übertragen von Sybille Fritsch. 128 Seiten. Originalausgabe. (GTB 489)

Phyllis Trible
Mein Gott, warum hast du mich vergessen!
Frauenschicksale im Alten Testament. Aus dem Amerikanischen übersetzt von Marianne Reppekus. Mit einer Einführung von Helen Schüngel-Straumann. 176 Seiten. Deutsche Erstausgabe. (GTB 491)

Was meinst Du dazu, Gott?
Gebete von Frauen. Herausgegeben von Susanne Kahl-Passoth. 78 Seiten. Originalausgabe. (GTB 485)

In Vorbereitung:

Elisabeth Moltmann-Wendel / Hans Küng /
Jürgen Moltmann (Hrsg.)
Was geht uns Maria an?
Beiträge zur Auseinandersetzung in Theologie, Kirche und Frömmigkeit. (GTB 493)

Elisabeth Moltmann-Wendel (Hrsg.)
Weiblichkeit in der Theologie
Verdrängung und Wiederkehr. (GTB 494)

88-37.2

Gütersloher Verlagshaus Gerd Mohn

GTB Märchen

Warum die Taube das Ölblatt nahm
Gott im Märchen der Völker. 2. Auflage. 96 Seiten. (GTB 884)

Weisheit, List und Schelmerei
Humor im Märchen der Völker. 95 Seiten. (GTB 885)

Wo die Flöte ertönt
Märchen der Völker von Musik, Tanz und Spiel.
96 Seiten. (GTB 886)

Wenn Lügen lange Beine haben
Märchen der Völker von Lug und Trug. 95 Seiten. (GTB 887)

Wenn die Vögel nicht mehr singen
Märchen der Völker von der bedrohten Schöpfung. 93 Seiten.
(GTB 888)

Wenn Träume sich erfüllen
Märchen vom Wunderbaren im Alltag. 96 Seiten. (GTB 889)

Wenn die Streitaxt begraben wird
Märchen der Menschen vom Frieden. 96 Seiten. (GTB 890)

Zauberwald und Blütentraum
Märchen der Völker von Blume und Baum. 95 Seiten. (GTB 891)

Die Reise durch das Nadelöhr
Märchen der Völker von Weg und Tür. 96 Seiten. (GTB 892)

88-31.2

Gütersloher Verlagshaus Gerd Mohn

GTB Geschichten

Himmel ist überall

88-36

Geschichten aus den Weltreligionen. Hrsg. von Udo Tworuschka. 80 Seiten. Originalausgabe. (GTB 760)

In diesem Band sind literarische Kostbarkeiten aus den großen Religionen versammelt. Die Erzählungen sind heutigen Lesern verständlich, sie gehen jeden von uns an und bieten Lebens- und Orientierungshilfen.

Wie im Himmel, so auf Erden

Geschichten von Gott. Hrsg. von Karl-Josef Kuschel. 128 Seiten. Originalausgabe. (GTB 761)

In diesem Band sind eindrucksvolle Texte der deutschsprachigen Gegenwartsliteratur versammelt, in denen bekannte Schriftsteller unserer Zeit ihre Auseinandersetzung mit Gott schildern. Es sind Geschichten und Erzählungen von der Nähe und Ferne Gottes, engagierte literarische Stellungnahmen zur Erfahrbarkeit und Nichterfahrbarkeit Gottes, zu seiner An- und Abwesenheit in unserer Welt.

Hoffnung holt Verzweiflung ein

Geschichten vom Sinn des Lebens. Hrsg. von Heinrich Jürgenbehring. 95 Seiten. Originalausgabe. (GTB 762)

Die eindrucksvollen Texte greifen die aktuelle Bedrohung auf, die dem Menschen der Gegenwart zwar nicht ständig bewußt ist, die sein Leben aber entscheidend verändert hat. Wie kann ein Ausweg aus der Krise gefunden, Zuversicht gewonnen, den Bildern der Leere ein Sinn abgerungen werden?

Wie ein Ring an deinem Herzen

Geschichten von Liebe und Zärtlichkeit. Hrsg. von Peter Spangenberg. 96 Seiten. Originalausgabe. (GTB 763)

Liebe ist ein Geschenk und Zärtlichkeit ihre Sprache. – In diesem Taschenbuch erzählen Dichter unserer Zeit von den höchsten Empfindungen, nach denen Menschen sich sehnen; um ihrem Leben einen Sinn zu geben: von Liebe und Treue, Hoffnung und Geduld, Einfallsreichtum und Mut, Entscheidung und Tat, Vertrauen und Befreiung.

Wenn ein Stern vom Himmel fällt

Geschichten vom Glück. Hrsg. von Manfred Baumotte. 128 Seiten. Originalausgabe. (GTB 764)

Dichter und Schriftsteller der Gegenwart erzählen vom Glück und gehen den Spuren nach, die es im Leben der Menschen hinterlassen hat.

Gütersloher Verlagshaus Gerd Mohn